G. R. Laurent

Generationswechsel

Eine Autobiografie

Copyright: © 2016 G. R Laurent
Lektorat: Erik Kinting / www.buchlektorat.net
Umschlag & Satz: Erik Kinting
Verlag: tredition GmbH, Hamburg
Printed in Germany

Bibliografische Information der Deutschen Nationalbibliothek:
Die Deutsche Nationalbibliothek verzeichnet diese Publikation in der Deutschen Nationalbibliografie; detaillierte bibliografische Daten sind im Internet über http://dnb.d-nb.de abrufbar.

Prolog

Es klingt beinahe schon mystisch, wenn man eine ganze Generation den sogenannten *68ern* zuordnet, nur weil sie zufällig in diesem Zeitfenster aufwuchs und anscheinend einer Art revolutionärer Bewegung beiwohnte, die es ja in Wirklichkeit so nie gab. Die Realität war eine ganz andere, denn die meisten sind ziemlich normal in unserer damaligen langweiligen Nachkriegsordnung aufgewachsen und hatten nichts anderes im Sinn, als ihre Kindheit und Jugend so auszuleben, wie es die seinerzeit vorherrschenden strengen Rahmenbedingungen erlaubt haben; junge Leute, die – wo auch immer – eine grundsolide Ausbildung genossen haben, vergleichsweise recht unpolitisch waren und zuvorderst ihr Glück im Beruf und der Familie suchten. Der Anteil der Studentenschaft war seinerzeit ohnehin noch recht klein und der Anteil derjenigen Studenten, die ständig an sogenannten *Protestkundgebungen* teilgenommen oder diese aktiv organisiert haben, noch wesentlich geringer.

Natürlich gab es damals Massendemos, wo im Laufschritt gut gelaunte aber echauffiert dreinblickende Studierende gegen Wasserwerfer anrannten und *Ho-Ho-Ho-Chi-Minh* skandierten. Bei genauerem Hinsehen gewahrte man des Öfteren, dass so manch ambitionierter, aber gut erzogener jugendlicher Demonstrant sogar noch ein Krawättchen trug, das er von Mama geschenkt bekommen hatte …

Manch ältere Herrschaften identifizieren sich heute gerne mit den damaligen Ereignissen, um ihrem vielleicht etwas tristen Leben nachträglich ein paar Glanzlichter aufzusetzen, ähnlich wie auch die Alt-Hippies, die sich bekanntlich alle schon mal in Woodstock, bei Gitarrenriffs von Jimi Hendrix, einen Joint zur *Bewusstseinserweiterung* reingezogen haben wollen, in Wirklichkeit aber damals die Platten von Caterina Valente, Rex Gildo oder Roy Black ganz sexy fanden …

Natürlich war seinerzeit ein gewisser Wandel in der Geisteshaltung feststellbar, der vor allem durch die innere Loslösung von der Kriegsgeneration bestimmt war. Interessant vor allem, weil dies nicht nur die deutsche Gesellschaft mit ihrer Vergangenheit betraf, sondern beinahe alle westlichen Länder. So darf man heute durchaus mehr Gelassenheit zeigen, wenn *Zeitzeugen* mit schwärmerischem Gesichtsausdruck von einer *neuen Zeit* berichten, die es so nie gab – die Menschen waren einfach nur jung und das ist bekanntlich immer eine tolle Zeit.

Mich beschleicht immer ein etwas eigenartiges Gefühl, wenn Politiker und Philosophen die damaligen Studentenbewegungen zu eine Art Katharsis der Gesellschaft erhöhen, die unser ganzes Demokratieverständnis verändert haben soll – seltsam! Unser gesellschaftlicher Fingerprint und unser soziales Gefüge sind wesentlich stabiler, als man uns glauben macht. Lassen wir uns daher nicht einreden, was für uns gut war und ist und was heute so *gar nicht geht* …

Die sogenannte *Nachkriegsgeneration*

zu der ich mich nicht nur zähle, sondern auch bekenne, wird meist definiert durch ihre besondere Prägung durch die dramatische Geschichte des Zweiten Weltkriegs, dem daraus resultierenden Paradigmenwechsel innerhalb der Gesellschaft, die vorherrschende Weltanschauung im Allgemeinen und die der Deutschen im Speziellen, die Infiltration durch unsere Eltern und das Aufbegehren im Rahmen der Studentenproteste der 68er.

Inzwischen ist diese Generation auch Geschichte und es lohnt sich – rein subjektiv – das Geschehen *ohne* den Zwang historischer Analysen zu reflektieren. Mein Vorteil: ich habe weder große Ahnung von Politik, bin kein Literat, kein Philosoph und leide daher nicht unter bestimmten vorgestanzten Denkmodellen. Meine Ehrfurcht vor der Wissenschaft und der industriellen Technik ist begrenzt, da ich genau aus dieser Ecke komme. Eher genieße ich die rhetorischen Auslassungen fähiger Philosophen und Denkschulen, die sich abseits vom allgemeinen Mainstream äußern.

Was war geschehen?

Wir kamen kurz vor oder nach Kriegsende zu Welt, und zwar erstaunlich zahlreich. Erstaunlich insofern, als dies ja recht lausige Zeiten waren, mit einer mehr als ungewissen Zukunft. In einer Welt, die vor dem Abgrund stand, wo morden in jeglicher Form obsolet war. Objektiv war Kinderkriegen in dieser Endzeit, nach heutigen Maßstäben mit all den sozialen Absicherungen, der reinste Irrsinn. Und dennoch, ich war definitiv kein *Verhütungsunfall* und schon gar nicht *für den Führer* gezeugt – meine Eltern wollten mich unbedingt, wohl wissend, dass die Zukunft grausam werden könnte. So kamen wir also auf die Welt in Kohlekellern, in Treckwagen, auf der Flucht und manchmal sogar im ganz normalen Wochenbett zu Hause oder im Krankenhaus.

Unsere Väter waren ja allesamt außer Haus – kämpften und starben an der Front oder wurden verwundet, gefangen genommen, andere mussten wiederum mangels richtigem Erbgut oder richtiger politischer Gesinnung das Ende in KZs erleben. Die ganz große Mehrheit – von den Opportunisten, Profiteuren und menschlichen Versagern mal abgesehen – litt sicher in einem unvorstellbaren Ausmaß, ohne irgendwie auf das Geschehen entscheidenden Einfluss nehmen zu können. Die Verbrechen, die in dieser Zeit begangen wurden, haben bekanntlich manch betroffene Entscheidungsträger aber auch die kleinen Erfüllungsgehilfen mit dem sogenannten *Befehlsnotstand* entschuldigt. Doch selbst mein Vater als ehemaliger Frontsoldat sah dies durchaus differenzierter: seiner Aussage nach gab es eben immer den Typ Mensch, der in dieser Ausnahmesituation zum Verbrecher mutiert, ohne hierzu einen direkten Befehl zu benötigen! Der Ethos des Tötens als Folge von Kampfhandlungen konnte von den einfachen Soldaten daher von den offensichtlichen Mordorgien in der Etappe absolut unterschieden werden, wenngleich der Übergang, der das Töten auch von Zivilisten legitimierte, gleitend war.

Heute gehört bekanntlich das anonyme Auslöschen von Städten mit möglichst vielen Bewohnern zum Standard sogenannter kriegerischer Auseinandersetzungen und wird subtil als *Mittel zur Beschleunigung des Kriegsendes* begründet. Diese kranke Vorstellung legitimiert natürlich indirekt auch immer wieder die Urkatastrophe von Hiroshima. Aber selbst eine Siegermacht wie die USA, die ja grundsätzlich nach dem Motto *der Erfolg heiligt die Mittel* argumentiert, wird dieses Stigma wie eine Erbsünde nie mehr los.

Moralische Rechtfertigungen wie der vorgenannte *Befehlsnotstand* haben ihren Ursprung in der Mitte unserer Gesellschaft, die zum einen ein gewisses normatives Verhalten für ein funktionierendes Zusammenleben voraussetzt, die Auslegung kultureller, politischer und sittlicher Ansichten – entsprechend dem Zeitgeist –, aber durchaus in der Lage ist zu variieren.

In diesem Umfeld gedeiht in einer nicht unerheblichen statistischen Größenordnung ein Menschenschlag, aus *normalem* bürgerlichem Milieu kommend, der qua persönlicher Auslegung von Vorschriften und Gesetzen sich ermächtigt fühlt, auf eine ganz spezifische Art und Weise zu handeln, ohne dass das Mäntelchen von *Pflichterfüllung* als Camouflage einer inneren Niederträchtigkeit je gelüftet wird. Sie sind meist Claqueure jedweder Couleur – sie machen mit, sind stets dabei – ob von links oder rechts kommend ist völlig egal – Biedermänner, Mitstreiter, Menschen mit *ehrlicher Absicht*, die nur *unser Bestes wollen*. Sie sitzen in allen Etagen in allen Ämtern – ob klein oder groß – sie gibt es nun mal. Es waren damals letztlich vor allem diese Charaktere, die ihre eigene Generation verraten haben. Ich glaube nicht, dass dies spezifisch deutsche Eigenschaften sind, aber ein politisches Umfeld, wie jenes im 3. Reich, fördert und züchtet förmlich diesen Menschenschlag. Der Begriff einer *Banalität des Bösen* von Hannah Ahrendt hat daher seine Gültigkeit bis in die heutige Zeit nicht verloren. Es geht hier nicht *nur* um Kriegsverbrecher, sondern um die Menschen, die täglich in den Etagen der Entscheidungswelten – ob Führungskräfte, Politiker, Richter etc., allein durch ihr hinterlistiges, letztlich böswilliges Verhalten Existenzen und damit indirekt Leben vernichten können und dies alles mit dem Hinweis auf vorgeschriebene Regelwerke innerhalb der Organisationen, der Gesetzgebung bzw. Vorschriften aller Art. Ich habe dies vielmals in meinen Berufsjahren beobachten dürfen – aber mich auch in einigen Fällen getäuscht!

Warum schreibe ich das? Weil das Umfeld, in welchem meine Generation aufgewachsen ist, genau von diesem seltsam scheinmoralischen Flechtwerk geprägt wurde. Der aberwitzige Blutzoll für *Nichts*, das desaströse Flüchtlingsdrama mit weiteren Millionen Toten und dann nach und nach die Details vom Genozid an Juden und anderen Randgruppen.

Den glatten Gegenentwurf bildeten damals natürlich die Siegermächte: sie hatten das Recht und die Moral auf ihrer Seite, ergo wechselte auch ganz Deutschland sofort die Seiten, sodass außer einem einzelnen Herrn mit Bärtchen kaum noch ein weiterer Nazi aufzufinden war. Heuchler und Denunzianten hatten wieder Konjunktur und – wie immer – Oberwasser. Der Begriff *Zusammenbruch* für diese Endzeit ist daher für mein Dafürhalten der einzig richtige – es war schließlich mehr als eine militärische Niederlage. Es gab keine Nation mehr, es gab ein gedemütigtes entwurzeltes Volk, das ausschließlich nach Brecht – *erst kommt das Fressen, dann die Moral* – handelte und vor allem keinerlei Rechtsgrundlage für eine eigenständige Existenz mehr vorfand – es war also die *totale Niederlage*. Eine *Befreiung* des Volks, wie sie heute von jedem Politiker und fast allen Historikern salbungsvoll vorgetragen wird, wurde weder so empfunden noch fand sie seinerzeit real statt – war auch nie Bestandteil der Strategie der Alliierten. Befreit wurden die von Deutschland besetzten Länder, die Konzentrations- und Kriegsgefangenenlager – wir wurden nun mal besetzt oder eben vertrieben. Selbst Weizäcker benutzte meines Erachtens den Begriff *Befreiung* eher als *Resümee* der erfolgreichen Nachkriegsjahre und weniger als Strategie alliierter Kriegshandlungen in Deutschland. Der schleimig wirkende Opportunismus heutiger Politiker, dass alles und jedes von den Nazis *befreit* wurde, zeigt beinahe paranoide Züge und entbindet alle auf beinahe wundersame Art und Weise der Verantwortung für das Desaster, denn es waren ja immer die *anderen*.

In Realität war aber erst am 8. Mai 1945 endgültig Schluss und bis dahin haben nicht nur irgendwelche Nazis geballert, sondern unsere Väter unter furchtbaren Verlusten und die waren natürlich heilfroh, als es dann endlich vorbei war. Als Kind habe ich damals von *Befreiung* jedenfalls nie etwas gehört. Der Begriff *Nazi*, der heute jedem *aufrechten Bürger* etwas zu locker und leicht über die Lippen geht, lernte ich auch erst wesentlich später kennen und unsere Elterngeneration benutzen ihn erst recht nicht – man sprach damals vornehmlich von der Zeit *vor* und *nach* dem *Zusammenbruch*. Es gab damals auch keine Möglichkeit groß traumatisiert zu sein oder gar die Vergangenheit in irgendeiner Form aufzuarbeiten, sondern jeder wollte nur eine Art von Normalität im Rahmen eines bürgerlichen Lebens zurückgewinnen. So schwiegen Täter und Opfer gleichermaßen. Die Anpassung an die Gegebenheiten und der ungebrochene Lebenswille waren das eigentliche Phänomen der damaligen Zeit. Natürlich auch der Opportunismus, der sich in dem Wohlverhalten bzw. der Unterwürfigkeit gegenüber den Siegermächten ausdrückte. Wir waren quasi über Nacht zu überzeugten Demokraten geworden und unsere politischen Protagonisten bzw. Oberprimaner der damaligen Zeit formulierten ein hieb- und stichfestes Grundgesetz, ähnlich dem Koran oder der Bibel – nur noch konsequenter. Die Amerikaner sahen mit Wohlgefallen, wie wir zu demokratischen Musterschülern mutierten; was sie dabei wirklich dachten, wurde allerdings nie so richtig dokumentiert.

Zum demokratischen Glück der Westdeutschen gesellte sich recht schnell der eskalierende Ost-West-Konflikt. Pech natürlich für die armen *Brüder und Schwestern* im Osten unseres Landes, sie durften zwar auch lautstark auf den Faschismus einprügeln, aber leider auch auf den Kapitalismus und nur der versprach damals die süße Welt des Konsums – eine bittere und ungerechte Verteilung der ideellen und materiellen Kriegslasten. Dennoch hatten beide Volksteile

Glück im Unglück – die Amerikaner mussten die Westdeutschen aufbauen, um nicht ganz Europa zu verlieren, und die UdSSR tat nach anfänglicher Demontage der Industrieanlagen das Gleiche – die DDR war bekanntlich das *Musterländle* des Ostens.

Doch wieder zurück zum Kinderglück

Warum wollten unsere Eltern dennoch Kinder haben? Es gab kein Kindergeld oder sonstige Fördermaßnahmen, soziale Wüste allenthalben. Kitas gab es in dieser Zeit lediglich in Form von Kinderhorten, primär aber waren Waisenhäuser gefragt für die armen übrig gebliebenen Würstchen, die durch Flucht und Vertreibung bzw. den Bombennächten keine Eltern mehr hatten – letztlich war dies der einzig mögliche Zufluchtsort für die bedauernswerten Geschöpfe. Die oft geringe Zuwendung und die überharte Disziplin ließen manches Kind innerlich zerbrechen. Doch man täte all jenen Kinderheimen Unrecht, deren aufopfernde Betreuer das menschliche Desaster unserer Gesellschaft zu lindern versuchten und das war letztlich die große Mehrheit.
Finanziell waren wir also für unsere Eltern Null-Nummer und Risikofaktor obendrein. War *Kinderkriegen* also ein biologisches Massenphänomen? Nur wegen des hohen Blutzolls einer Generation? Ich glaube eher, es war das normative Gesellschaftsmuster der damaligen Zeit, das sich bis Ende der 60er-Jahre fortsetzte – also, als *wir* dann dran kamen … Kinder gehörten sozusagen zur natürlichen *Grundausstattung* einer Familie, weil diese Gesellschaftsform ja sonst wenig Sinn machen würde – ich finde sie eigentlich, trotz aller aktuellen Diskussionen, bis heute einigermaßen schlüssig, ja sogar essenziell.

Wie man verhütet, wussten unsere Eltern seinerzeit durchaus, das zeigt ja schon die Statistik: Großfamilien waren die Ausnahme, zwei bis drei Kids die Regel. Wir waren also gewollt und die Eltern wussten wohl wie's funktioniert.

Lustig daher die Aufklärungswelle der späten 60er-Jahre,

die uns insbesondere durch einige Protagonisten wie den guten Oswald Kolle ereilte – endlich lernte ganz Deutschland wie das mit dem Sex funktioniert bzw. wie man verhütet (in der Realität wusste auch damals schon jeder interessierte Jüngling als Allererstes, wo und in welchem Gasthaus ein Kondomautomat im WC hing).

Aber jetzt wurde uns endlich gezeigt, wie unterschiedlich die Mädels doch gebaut sind und worin sie sich von den Jungs signifikant unterscheiden. Wir, die Früh- oder Spätpubertierenden dieser Zeit, waren einfach nur begeistert, denn endlich konnte man – rein aufklärerisch – ein paar ordentliche Brüste mit allem Drum und Dran in der kuscheligen Dunkelheit des Kinos ausgiebig betrachten und andeutungsweise auch den sogenannten *Geschlechtsakt* – unter rein medizinischen Gesichtspunkten – analysieren. Ohne diese Filmchen wären wir heute sicher auch nicht überbevölkert – aber so verdiente Onkel Oswald seine Millionen und wir hatten unsere ersten Softpornos – eine echte Win-win-Situation! Heute wird das als ein Meilenstein der *Volksaufklärung* gehuldigt – zum Totlachen …

Wir waren also in genügender Anzahl da und mussten ernährt und erzogen werden

Unser Umfeld war inhomogen und dennoch einigermaßen normal. Für uns Kinder spielte es keine Rolle, ob wir in den Ruinen der Städte oder im ländlichen Umfeld unseren Abenteuerspielplatz fanden – Fantasie war angesagt, Spielzeug gab es ja kaum. Wir waren allesamt relativ schlank, denn Nahrung war mehr als knapp, sodass sich alles um deren Beschaffung drehte. Entsprechend hart waren die Regeln der Nahrungsaufnahme: es wurde *aufgegessen* bis der Teller leer war – einer meiner Erziehungsschwerpunkte. Und wer sich noch erinnern kann: es lagen oder schwammen *Dinge* auf dem Teller ...
Blankes Entsetzen löste bei mir meist die sogenannte *Hühnersuppe* aus – es war also *Fleischtag*: Leider kannte ich die armen Tiere persönlich – sie gackerten ja lautstark im Hof herum und wurden von Oma und mir fleißig gefüttert. Dann kam der Todestag: selbst Oma war etwas gerührt und hätschelte und verwöhnte den bereits ausgesonderten Delinquenten nochmals ganz besonders. Plötzlich erschien der Killer in Person meines Vaters mit einem Beil in der Hand, ab in die Waschküche und *hack* – der Kopf fehlte. Jetzt begann erst das Inferno: das Resthuhn flatterte mit gewaltigen Flügelschwüngen quer durch die Waschküche – ein echtes Horrorszenario, das heute jeden modernen Hollywoodfilm locker in den Schatten stellen würde. Es waren auch keine Psychiater in der Nähe, die mich hätten auffangen können, d. h. ich muss bis heute – entsprechend verhaltensgestört – damit leben. Jetzt stelle man sich vor, dieses *ermordete* Tier aufessen zu müssen und das möglichst komplett. Nach meiner Erinnerung fehlten lediglich die Federn – der Rest schwamm in der Suppe: schwabbelige Haut, Innereien aller Art ... *Iss das ja auf* lautete die Parole. Doch spätestens hier erreichte mein Wohlverhalten seine Grenzen – ich verweigerte, fing

mir eine Ohrfeige ein und *musste* mich vom Tisch entfernen. Ich war erleichtert, hatte keinerlei Hungergefühle mehr und Oma steckte mir hinterher etwas *Essbares* zu.

Diese Mangelwirtschaft hatte etwas Prägendes – so kann ich z. B. bis heute kein Brot oder irgendwelche Lebensmittel wegwerfen.

Essen war in der Nachkriegszeit ein zentrales Thema für unsere Eltern und übertrug sich zwangsläufig auf uns Kinder. Wir konnten allerdings nie abschätzen, ob die Kalorienbilanz stimmte oder nicht, zumal die Grundversorgung sich doch erstaunlich bald wieder stabilisierte. Da gab es den berühmten *Marshallplan* und *Care-Pakete* (wir haben allerdings nie eines erhalten), aber meines Erachtens war das Entscheidendste der unbändige Überlebenskampf und die Disziplin, die die Bevölkerung vorantrieb. Das Gefühl in der sprichwörtlichen *Scheiße* zu stecken war offensichtlich so evident, dass so ziemlicher jeder, der konnte, in die Hände spuckte.

Die Entnazifizierung war noch im vollen Gange

Parteigänger und andere Würdenträger sowie alle Schergen der Organisation wurden durchleuchtet. Jeder Deutsche musste Fragebogen ausfüllen, in welchen z. B. nach *Auslandsreisen* zwischen 1939 und 1945 gefragt wurde. Mein Vater trug wahrheitsgemäß *Frankreich-* und *Russland-Feldzug* ein und die amerikanischen Prüfer fanden dies in Ordnung, da sie ihn anschließend als unbedenklichen Deutschen abstempelten. Andere öffentliche Figuren, vom kleinen Polizisten bis zum Ortsgruppenleiter und den Top-Firmenmanagern, wurden dagegen *ordnungsgemäß* entnazifiziert. Man stelle sich das eher so vor, wie eine Art Entlausungsstation, in welcher die ehemaligen Parteiabzeichenträger geläutert wurden. Fast in jeder Stadt gab es ein derartiges Entnazifizierungslager, entweder mit angeschlossener Gärtnerei oder einem mittelständischen Betrieb, wo die Delinquenten ihrer früheren Ideologie abschwören konnten. Sofern man dieses Nazis keine Gräueltaten oder Kriegsverbrechen vorwerfen konnte, waren diese auch schnell wieder draußen, denn man brauchte diese Leute wieder in den Ämtern bzw. in der Industrie – das wussten die Alliierten genauso wie die neue politische Elite. Nach dem Krieg war fast alles und fast jeder mit dem Nationalsozialismus kontaminiert, denn Mitläufer gab es massenweise – das Volk hätte eigentlich ausgetauscht werden müssen …

Daniel Goldhagens Behauptung, die Deutschen seien allesamt für den Genozid an Juden verantwortlich, finde ich äußerst aberwitzig, aber der Ansatz, die Deutschen betrachteten den Nationalsozialismus als eine Art UFO, das 1945 spurlos wieder entschwebte, trifft das Thema auf den Punkt. Dieses Denkmodell (wir – die Gesellschaft und die Nazis auf der *anderen* Seite) ist heute sogar der praktizierte Standard unserer politischen Ethik! Es gibt quasi ein *Schattendeutschland* – eine Art Mülltonne oder *Bad Bank* der Geschichte – da passt alles und jeder rein, jedes Verbrechen, jeder Alt- und auch Neu-Nazi, jeder Rassist, einfach alles, was nicht in das System passt oder sich *political* nicht korrekt verhält. *Wir haben damit nichts zu tun* – eigentlich doch eine ganz komfortable Angelegenheit, die allerdings auch ziemlich riskant ist.

Denkmuster einer sogenannten *weltoffenen Gesellschaft* zu normieren, scheitert meines Erachtens dann, wenn eine Konvergenz zwischen *öffentlicher Meinung* und *politischer Führung* kaum noch erkennbar ist und nur noch demoskopische Umfragen, deren Fragestellungen wiederum auf das gewünschte Ergebnis abzielen, politische Entscheidungen nachträglich sanktionieren.

Den Intellekt der eigenen Bevölkerung zu unterschätzen bzw. deren Urteilsvermögen anzuzweifeln mündet in eine vom Parlamentarismus völlig losgelöste Scheindiskussion unseres Führungspersonals in einschlägigen Talkshows und Hinterzimmer-Meetings.

Diese faktische Entmündigung funktioniert heute besser den je, da uns ja ständig der sogenannte *bürgerliche Wohlstand* als Erfolg politischen Handelns vorgeführt wird, der ein Mitdenken und Mitentscheiden im Prinzip so gut wie nicht mehr erforderlich macht.

Durch solch seltsame Bezeichnungen wie *Mutti* für eine Regierungschefin, was irgendwie nett und lustig klingt, wird dieses Regierungsamt so konterkariert, dass sich darin nichts anderes als bürgerliche Resignation und Abkoppelung ausdrückt.

Doch zurück zu meiner Generation und ihrer Entwicklung

Aus heutiger Sicht hatte meine Generation ausschließlich *Monstereltern*, die wegen ihrer Vergangenheit grundsätzlich im Verdacht standen, durch den Nationalsozialismus nachhaltig infiltriert geworden zu sein und dieses Gedankengut auf die nächste Generation – also uns – übertragen zu haben. Die Frage, die sich mir heute stellt: Wie lässt sich das erkennen und welche Symptome trage ich in mir selbst? Wie kaputt waren unsere Eltern, physisch, psychisch, und welche politischen Aussagen kann ich daraus ableiten?

Meine Eltern hatten überlebt, ein Opa gab sich bei Kriegsende die Kugel, die anderen Großeltern waren noch da. Beruflich war das ganze Spektrum in unserer Familie vertreten – Akademiker, Beamte, Kleinunternehmer, Handwerker, Kaufleute, Bauern. Keiner war im Widerstand, aber meines Wissens auch nicht besonderer Systemanhänger – alle also klassische Mitläufer. Bürgerlich durch und durch und gegenüber dem Staat loyal und pflichterfüllt gewesen – wie es sich halt so gehörte. Mein Vater hat mit Kanonen auf Russen, Franzosen, Engländer und Amerikaner geschossen – war also kein *Etappenhengst*, sondern ein sogenanntes *Frontschwein*. Mutter musste sich die Zeit während des Krieges als kaufmännische Angestellte in einem Kfz-Betrieb, der auch viele Kriegsgefangene beschäftigte, vertreiben.

Einige Jahre nach ihrem Tod erfuhr ich aus alten Unterlagen mehr über sie: da berichtete ein französischer Colonel über seine Behandlung während seiner Gefangenschaft in ihrem Betrieb, wie er und seine Leidensgenossen von einer Madame M. – meiner Mutter – stets fair und freundlich behandelt wurden und diese auch öfters das Risiko einging, verbotenerweise Extrarationen an Essen und Zigaretten heimlich herbeizuschaffen. Mit dem Schriftstück hat sie nie vor uns oder anderen Leuten herumgewedelt, sondern es lag zwischen ihren alten Zeugnissen und Fotografien. Ich war doch etwas davon berührt.

Bei meinen Eltern hatte ich auch nie den Eindruck, dass sie besondere Minderwertigkeitskomplexe wegen des verlorenen Krieges mit sich herumtrugen. Man leckte seine eigenen Wunden, aber es bestand andererseits seltsamerweise auch wenig Empathie gegenüber jenen Völkern, die unter dem Kriegsgeschehen besonders viel gelitten haben. Eine *Judenverfolgung* oder gar die Täter-Opferbeziehung wurde nie groß thematisiert. In meiner Erinnerung waren Juden zwar irgendwie *anders*, doch nicht im eigentlichen Sinn negativ besetzt. Das lag auch daran, dass meine Frau Mama ihre Ausbildung bei einem jüdischen Arbeitgeber absolvierte, der im Übrigen auch noch *Deutsch* hieß – irgendwie krass …

Diese Versatzstücke in meinen Erinnerungen haben wenig mit der damaligen Realität zu tun – ich frage mich nur, welche Prägung habe ich, hat unsere Generation erfahren? Wuchsen wir *deutschen*

Kinder anders auf als die in den westlichen Nachbarländern einschließlich den USA?

Ich glaube eher nicht. Schaut man sich alte Dokumentar- oder Spielfilme an, so erkennt man, dass der Verhaltens-Kodex beinahe identisch war. Abgesehen von der Konsumwelt mit ihren schönen Einbauküchen, Häusern mit Vorgarten und dicken Autos, erscheint auch die amerikanische Familie mit ihrem Familienoberhaupt, den frisch gescheitelten folgsamen Kids und einer sich aufopfernden Mom in einer nicht zu überbietenden Spießigkeit.

Und so liefen auch wir herum: mit Haaren, bis über die Fontanelle kurz geschoren, eigentlich noch in klassischer *HJ-Façon*. Ich kann mich sogar noch erinnern, dass meine Eltern mal beim Friseur meinen Haarschnitt reklamierten, weil er ihnen zu lang erschien. Man kann sich wohl vorstellen, wie der Friseurgeselle mich anschließend zurichtete.

Die Kleidung war natürlich wesentlich bescheidener, aber absolut korrekt und sauber

Schlabberlook war definitiv verpönt. Über die Essenskultur in meiner Kindheit habe ich mich schon ausgelassen, die Kleiderordnung war auch klar geregelt – es gab *Sonntagsklamotten* für den sonntäglichen Kirchgang und den obligatorischen elterlichen Spaziergang und dann die tägliche *Gebrauchskleidung*. Diese *Kindermode* hatte natürlich ihren eigenen Charme, denn sie entstand ja grundsätzlich in Eigenregie – es lag also am Geschick der Mütter bzw. Großmütter, ob man als Kasper im Viertel umherirrte oder zumindest in Ruhe gelassen wurde. Diesbezüglich waren die Fähigkeiten meiner Schneiderinnen dann doch so groß, dass meine Kleidung dem allgemeinen Standard entsprach, sozusagen *state of the art* war.

Doch wie war der Modestandard in den späten 40er- und frühen 50er-Jahren?

Hier wich in Teilen die deutsche eindeutig von der US-Kindermode ab, denn Konfektionskleidung gab es für uns Jungs und Mädels eigentlich nie. So liefen wir Buben meist sommers wie winters mit kurzen Hosen herum, allerdings gesellten sich in der kalten Jahreszeit noch die selbst gestrickten langen Wollstrümpfe dazu. Wer kannte nicht das grausame Jucken und Beißen, das diese Billigwolle hervorrief. Die Omas kannten da kein Erbarmen, sie strickten und strickten und beglückten uns Kinder – gerne auch als Weihnachtsüberraschung – mit immer neuen Varianten dieser Marterinstrumente. Wir nahmen es demutsvoll hin und litten leise.

Doch da gab es nicht nur diese langen Elendsstrümpfe, sondern auch die entsprechenden Halterungen. Diese sogenannten *Strumpfhalter* waren auch Eigenkonstruktionen – eine Art Leibchen kombiniert mit Strapsen, die meist nicht richtig gehalten haben. Im Winter trug man unter den Strapsen noch den *Einteiler*, der war, wenn man so will, bereits Konfektionsware. Das Material muss eine Art Baumwolle gewesen sein, die man offensichtlich mit Stroh verwoben hatte – das Zeug biss fürchterlich am Körper. Für die menschlichen Bedürfnisse hatte das Teil im Schritt eine Öffnung, an die man aber nur schwer bzw. gar nicht herankam. Man stelle sich den Toilettengang im Winter vor: in Windeseile die Klamotten vom Leib reißen, also Anorak oder Mäntelchen runter, Hosenträger und Hose runter, Strumpfhalter komplett ausziehen und zum Schluss den *Einteiler* bis zum Knie herunterlassen. Man stand in einem riesengroßen Wäscheberg, nur um seine kleine oder große Notdurft zu verrichten.

Die Sommermode war da definitiv besser, abgesehen von dem Sonntags-Dresscode mit weißen Kniestrümpfen etc., konnten wir den Rest der Woche meist barfuß durch die Welt gehen – ein echtes

Privileg aus heutiger Sicht. Als es wirtschaftlich wieder bergauf ging, gab es die Lederhose, die eventuell typisch deutsch war – ich habe zumindest in Filmen keinen amerikanischen, britischen oder französischen Jungen damit herumlaufen sehen. Ich empfand damals die Lederhose wegen ihrer Robustheit einfach genial. Die Kinderkleidung unterlag entgegen der heutigen Zeit keinerlei Modeströmung, war aber dennoch irgendwie einheitlich adrett. Viel später gab es dann die ersten *Nietenhosen* – noch nicht besonders stylish, aber immerhin deutsche Jeans der ersten Generation. Der Weg zu einer echten *Levis* war aber noch weit …

Wir waren also vernünftig angezogen, wurden bescheiden, in der Regel ausreichend ernährt, aber wie wurden wir erzogen?

Unsere Eltern, die sogenannte *Kriegsgeneration* müssen nach heutiger Lesart alle traumatisiert gewesen sein. Die Väter mehr als die Mütter, deren Profil sich während der Kriegsjahre gewaltig änderte – sie trugen allein die ganze Last der Familie, jobbten in der Rüstungsindustrie oder in irgendwelchen Verwaltungen. Dann der ganze Wahnsinn der Bombennächte, unter Umständen Flucht mit Kind und Kegel, Vergewaltigungen etc., etc. …
Die Frauen, die dies alles ausgehalten haben, kamen eher erstarkt aus diesem Horror heraus, während viele Männer bzw. Väter desorientiert waren. Unter meinen Freunden gab es jede Menge Halbwaisen, die mit ihrer Mutter und eventuellen Geschwistern alleine lebten. Auch die Kriegsversehrten mit einem Bein, einem Arm, Glasaugen, Kopfverletzungen etc. gehörten zum Alltagsbild und prägten uns indirekt.

Die Väter – in sechs Jahren Krieg zu Killern mutiert, extrem verroht – versuchten nun die zivilisierte Welt wieder zu gestalten. Dies gelang auf eine Weise erstaunlich gut, als man extremen Wert auf das bürgerliche Äußere legte. Der sprachliche Duktus war verlogen korrekt. Das Sch…-Wort wurde mit Ohrfeigen geahndet, obwohl die Landser dieses sicher alle paar Minuten verwendeten. Die Welt sollte einfach heil sein. Filme mit irgendwelchen Förstern, die sich mit Wilderen beharkten, und hübschen Mädels hochanständig den Hof machten, Gutsherren auf der Heide, verlorene Heimat und Wiener Schmäh beherrschten die Leinwände. Noch besser in den späteren Filmen, wenn der berühmte Onkel aus den USA mit seinem Super-Straßenkreuzer in seinem german-american Slang gütig und lässig zugleich seine arme popelige Verwandtschaft in good old Germany sponserte – wir waren einfach nur noch gerührt …

Da wir Kinder ja die große politische Welt nicht kannten, war das Normativ der *Verhaltenskodex* unserer Eltern. *Anstand* war die Formel fürs Leben. *Zucht und Ordnung* kein Lippenbekenntnis, sondern harte Realität. Oft brach nach relativ harmlosem kindlichem Fehlverhalten aus unseren Eltern der Frust explosionsartig aus, es folgten blitzschnell drakonische Strafen, wobei die klassische Ohrfeige eher zu den harmloseren Veranstaltungen gehörte. Das *Hinternversohlen* war schon heftiger, da sich hier Pein und Erniedrigung vermengten. Ich war nach solchen Strafen jedenfalls stocksauer, muss aber auch gestehen, diese Art von *Hinrichtung* fand eher selten statt. Lag wohl daran, dass mein Vater Pädagoge war. Natürlich haben wir Kinder unser taktisches Verhalten entsprechend *optimiert*, ich z. B. brüllte immer schon im Voraus, um die Omas in Position zu bringen, die dann – zu meiner Genugtuung – meist meinem Vater Ärger einbrachten.

Disziplin und Subordination war die Erfolgsformel

unserer Erziehung in den frühen Nachkriegsjahren. Eine Weltanschauung, die es ja vor dem Krieg irgendwie auch schon gab ... Wir Kinder lernten schnell, wie die Eltern tickten und passten uns entsprechend an – sie liebten uns ja und vielleicht waren sie auch verzweifelt.

Die Freiräume, die es in dieser Zeit gab, waren jedoch wesentlich größer als in der heutigen Zeit. Ich wuchs zwar eher in einem ländlichen bzw. kleinstädtischen Milieu auf, kann mir aber vorstellen, dass die Situation in den Großstädten für die nachwachsende Generation ähnlich *attraktiv* war. Natürlich war in den Jahren 1945/46 die Nahrungsbeschaffung, gerade in den Großstädten, das zentrale Thema und die Folgen dieser Mangelwirtschaft mehr als grausam.

Dies sagt jedoch nichts über das Abenteuer-Land in den Ruinenlandschaften aus. Dagegen sind die heutigen Cyberspielchen mit ballernden Muskel-Monstern doch wirklich nur gaga. Während Kids heute mit ihren zarten Fingerchen risikofrei den Joystick bewegen, um herumzuballern, konnten wir noch äußerst real in Ruinen, Bombenkratern oder riesigen Schuttbergen den *Helden* spielen. In den frühen 50er-Jahren besuchte ich einmal mit meiner Mutter meinen Onkel und meine Tante in Frankfurt. Ich war fasziniert von dieser kaputten Stadt, in welcher nachts Leuchtstoffreklamen die Ruinenlandschaft in ein gespenstisches Licht hüllten. Ich hatte keine Ahnung, warum alles so unwirklich erschien, und war dann doch froh, in mein ländliches Umfeld zurückzukehren.

Doch auch hier gab es fantastische Spielplätze mit hohem Animationspotenzial. Z. B. standen im Wald zwei stark verrostete Kübelwagen herum, die zum festen Bestandteil unserer Freizeitbeschäftigung gehörten. Die Häuseransammlung war eigentlich strukturell nicht mal ein richtiges Dorf, eher eine Art Enklave im Wald, die auf der einen Seite durch einen Fluss begrenzt wurde. Fluss, Wald mit alten Autos, Wiesen mit Bauernhöfen –was will man als Kind mehr? Angst im eigentlichen Sinn gab es so gut wie nicht, Kinder starben weniger durch Unfälle bzw. Gewalteinwirkung als vielmehr durch Krankheiten. Penicillin war in Deutschland so gut wie nicht verfügbar, man hatte daher viele Infektionskrankheiten nicht im Griff, später gesellte sich noch die unheimliche *Kinderlähmung* dazu. Wenn die Eltern also Angst hatten, dann vor diesen Krankheiten. Wir Kinder lebten daher eher arglos vor uns hin.

Respekt hatten wir vor dem Bullen des nahegelegenen Bauernhofs und vor den Gänsen – zur Nahrungsbeschaffung gehörte nämlich auch das tägliche Milchholen beim Bauern. Faktoren, die dieses Vorhaben erschwerten, waren im Sommer unter anderem die Gänse, die sich mir jedes Mal auf *Augenhöhe* in den Weg stellten und ein Durchkommen so gut wie unmöglich machten. Nur ein propellerartiges Herumschleudern der leeren Milchkanne ermöglichte mir den Todesmarsch an den Gänsen vorbei. Doch ich musste auch wieder denselben Weg zurücklaufen … Im Winter waren die Gänse vermutlich aufgegessen, dafür war es jetzt aber dunkel und der Weg ging durch einen dichten Wald. Durch Omas ausgeschmückten Horrorstorys mit seltsamen Waldgeistern und sonstigen makabren Figuren, war meine Fantasie entsprechend gesättigt, um hinter jeden Baum sofort ein Monster zu erkennen. Ich war aber offensichtlich nicht der Einzige, der so instruiert war und so holten wir Kinder die Milch bevorzugt im Kollektiv ab.

Fantasie war die eigentliche Triebfeder unser Kindheit, Spielzeug war rar bzw. nicht vorhanden. Mein Opa fertigte mir daher aus Teilen einer zerstörten *Ju52*, die auf einem kleinen Flugplatz in der Nähe verrottete, wunderbares Spielzeug – darunter ein Dreirad, Kinderhocker und eine Art Lkw zum Schieben. Ich war der *King* …

Die Winter empfand man sehr intensiv, es gab viel Schnee. Rodeln war angesagt und später auch mit einfachsten Brettern Skifahren, das man sich irgendwie autodidaktisch beibrachte. Der Höhepunkt des Winters war natürlich Weihnachten. Man spürte die Freude auch bei den Eltern, die meist etwas melancholisch wurden und zugänglicher erschienen. Wer kennt nicht die Gerüche von feinem Backwerk, qualmenden Räuchermännern und duftenden Tannennadeln. Das obligatorische *Stille Nacht* oder *Leise rieselt der Schnee* wurde abgesungen und dann gab es die Bescherung mit anfänglich doch recht bescheidenen Geschenken und unglaublich dankbaren Kindern. Vielleicht war es gerade die Schlichtheit dieser festlichen Veranstaltung, die einen so nachhaltigen Eindruck hinterließ. Die Großeltern erzählten vieles aus längst vergangenen Tagen bis hin zur alten Kaiserzeit, die Eltern schwiegen meist nachdenklich. Vielleicht spürten wir dennoch, dass man von einer zerborstenen Gesellschaftsform berichtete, die nie mehr zu kitten war.

Ganz anders die Sommermonate: Wir Kinder saßen im Schatten von Kastanienbäumen oder spielten bei größerer Hitze im Wald – manchmal etwas dröge, aber nur bestimmt von der augenblicklichen Situation – man war irgendwie frei, ein elterliches Programm gab es ohnehin nicht und wir Kinder lernten gegenseitig voneinander.

Die Prägung aus dieser Zeit empfand ich eigentlich recht positiv, da außerhalb des strengen Regelwerks der Eltern ein *rechtsfreier Raum* existierte, den wir ausnutzen konnten und vielleicht auch durften.

Das Zusammenleben der Eltern kann ich nur reflektieren

Es kann anfänglich, nach sechs Jahren Krieg, eigentlich nicht richtig funktioniert haben. Interessanterweise bestätigte mir dies meine Mutter erst nach dem Tod meines Vaters. Die nach außen vorgeführte heile Welt einer intakten Familie war damals äußerst wichtig – gutes Benehmen, ordentliches Auftreten waren das Maß aller Dinge.

Daneben gab es für unsere Elterngeneration durchaus Ventile, um den alltäglichen Frust ab und die Etikette hinter sich zu lassen. Es waren damals die Hausbälle und alle Arten von Faschingsveranstaltungen, wo die Eltern das Korsett der scheinheiligen Biedermänner abstreiften, sich teilweise aberwitzig verkleideten und enthemmt feierten, als ob das Jüngste Gericht bevorstünde. Wir Kinder waren dann immer leicht irritiert ob der plötzlichen *Lustigkeit* unserer Eltern, wohl wissend, dass sich die Zeiten auch schnell wieder änderten. Zu solchen Faschingsveranstaltungen kamen auch gerne Leute mit einem Hitlerbärtchen und faschistischem Gruß – die Leute warfen sich weg vor Begeisterung und *grüßten* zurück. Eine etwas seltsame Art von Vergangenheitsbewältigung, doch dies entsprach jener Zeit und deren politischer Kultur. Vielleicht empfanden viele ja dieses Armheben schon früher recht albern und so passte offensichtlich dieser *Spaß* durchaus in die Landschaft.

Es gab auf allen Ebenen auch andere Formen von Aufarbeitung. Wenn sich die Erwachsenen zum Nachmittagskaffee oder zu langen Spaziergängen trafen, ging es oft *ums Eingemachte*. Man vernahm, wie der *Iwan* in die Stellungen einbrach und wie man ihn verjagte; Gemetzel hie und Gemetzel da, Flucht und Vertreibung, beim Thema *Vergewaltigung* senkte man die Stimme. Auch Schuldfragen wurden diskutiert. Diese bezogen sich bei den Landsern eher auf militärische Fehlleistungen: *Wir haben in Dünkirchen schon Karten von England bekommen und dann hieß es plötzlich alles zurück, als wir in Russland die ersten amerikanischen Lkws sahen, wussten wir, der Krieg war verloren – hätten nie angreifen dürfen.* Wir erfuhren Sequenzen von Kesselschlachten, Frontbereinigungen, Rückzug und Kameradschaft. Die *Versager* wurden auch ausgemacht – es war vorwiegend die Parteiprominenz mit Göbbels und Göhring an der Spitze. Hitler alias *Adolf* bzw. *der Führer* war hier eher der Zweitplatzierte in der Schuldfrage.

Wir Kinder ahnten etwas von einer großen Katastrophe, konnten dies alles natürlich nicht zuordnen und waren daher auch nicht besonders berührt davon, was sich später jedoch änderte.

Ich kann mir sehr wohl vorstellen, dass es in anderen Familien ähnlich zuging, bin mir aber bewusst, dass die Sozialisierung von Flüchtlingskindern aus dem Osten, die teilweise jahrelang in Barackensiedlungen hausen mussten, ganz anders verlaufen ist. Ähnlich bei Halbwaisen mit verzweifelten Müttern, Familien mit schwerkriegsbeschädigten Vätern. Ganz zu schweigen von jenen Familien, deren Eltern aus Konzentrationslagern kamen bzw. Angehörige hatten, die dort umgebracht worden waren. Es wurde in dieser Zeit so ziemlich alles verdrängt und vorwiegend geschwiegen.

Die Schule begann und für uns Kinder ein neuer Lebensabschnitt.

Vorher musste ich – zu meinem Leidwesen – einen klösterlichen Kindergarten im Nachbardorf besuchen. Meine Eltern minimierten so das Risiko, dass ich in den nahegelegenen Fluss plumpse und dabei ertrinke bzw. konnten sich voll und ganz auf die Aufzucht meines jüngeren Bruders konzentrieren. Ich war jedenfalls *not amused*, mich täglich den strengen Damen in dunkler Schwesterntracht unterzuordnen, unzählige fromme Lieder zu lernen und ein Essen einzunehmen, das seinen Namen definitiv nicht verdient hatte. Ich habe es irgendwie überlebt, vermutlich wieder einmal mit irreversiblen seelischen Schäden …

Das erste Schuljahr hinterließ bei mir einen äußerst positiven Eindruck – eine einfühlsame und begabte Pädagogin hat es auf wundersame Art und Weise geschafft, uns für das Schreiben, Lesen und

Rechnen zu begeistern. Ich war auf gutem Wege bis – ja, bis mein Vater einen neuen Job als Lehrer in einer anderen Stadt fand.

Schulwechsel ist schwieriger als man denkt und ganz besonders schwierig, wenn man aus einem kleinen Dorf kommt. Zu meinem größten Schreck kam hinzu, dass wieder Klosterfrauen meine Erziehung übernahmen. Dies waren absolut strenge Mädels, die nichts, aber auch gar nichts durchgehen ließen. Selbst Blicke, die mangelnde Konzentration signalisierten, führten zu den berüchtigten *Tatzen* mit einer langen Haselnussrute. Dazu kam, dass es sich um eine *diskriminierende* Mädchenschule handelte – die anderen Volksschulen waren alle überfüllt.

Was ich nicht wusste war, dass die Stadt mit Flüchtlingen aus dem Osten aus allen Fugen platzte. Man stopfte uns Kinder notgedrungen in die vorhandenen Schulen – neue gab es noch nicht. Da es nach dem alten System noch die konfessionellen Schulen gab, die überdies noch nach Geschlechtern getrennt waren, fanden die Schulämter sehr schnell eine pragmatische Lösung: jeder Neuling kam dahin wo Platz war. Auf diese Art kamen sich Jungs und Mädchen, Katholiken und Protestanten, Flüchtlinge und Einheimische schnell näher. Die Lehrer mussten mit dieser Situation genauso fertig werden wie wir Kinder. Doch indirekt haben wir vielleicht alle von dieser heterogenen Struktur partizipiert.

Da die vorwiegend aus Schlesien kommenden Flüchtlingskinder sich durchweg im Dialekt ihrer Eltern unterhielten, fanden wir es äußerst *cool* unsere Sprachfärbung etwas anzupassen und sogar ganze Begriffe in unseren Sprachschatz zu übernehmen. Es erfolgte damals schon eine *Integration light* zwischen uns Kindern, was allerdings keinen Vergleich mit der heutigen Integrations-Problematik aushalten würde – wir kamen ja aus dem gleichen Kulturkreis mit identischem Wertekanon.

Der Lehrstoff der 50er-Jahre

War das alles so toll, oder verdränge ich etwas? Eigentlich reflektiere ich den Schulstoff in der Volksschule relativ positiv, vielleicht war er noch hier und da etwas *völkisch* geprägt – die Heimatkunde war damals ein Schwerpunkt unserer Ausbildung – aber, um ehrlich zu sein, ich partizipiere bis heute davon. Wie entstanden unsere Dörfer, warum gab es *Reihendörfer* und *Haufendörfer*, wie entstanden ihre Namen … Geschichten von versunkenen sagenumwobenen Burgen, selbst geheimnisvolle Moore faszinierten uns Kinder. Auch die Steinzeit wurde bereits so thematisiert, dass ich am nahegelegenen Fluss jeden zweiten Stein zum *Faustkeil* erklärte.

Es wurden auch mittelalterliche Traditionsfeste im Ort abgehalten – alles beinhaltete ein hohes Identifikationspotenzial, das uns irgendwie prägte. Die *harten* Fächer wurden beinahe unnachsichtig durchgezogen, Grundrechenarten regelrecht gepaukt, ebenso lesen und schreiben. Die *DNA* der Rechtschreibung zu begreifen war oft wichtiger als das reine Regelwerk. Daneben das seinerzeit noch *rein deutsche* Liedgut zu lernen, empfand ich – sorry – damals irgendwie recht schön und beinahe romantisch. Auch Gedichte – meist frommer Natur – mussten gepaukt werden, um das Gedächtnis zu konditionieren – fand ich eigentlich auch nicht besonders tragisch.

Und die Volksschullehrer?

Von den unnachgiebigen Klosterfrauen in der Volksschule musste ich ablassen, weil man uns Buben in eine andere, neuere Schule steckte, in der weltliche Damen mit einem männlichen Schuldirektor regierten. Die eine war äußerst nett und eine hervorragende Pädagogin, die andere war gnadenlos, aber auch eine spitzen Lehrerin. Auch den Schulleiter – ein strenger aber guter Pädagoge – durfte ich genießen. Dieser nutzte bereits einen technisch ausgereiften Bambusstab für den täglichen Tatzen-Terror. Zu unserer *Entspannung* – vorwiegend in der vorweihnachtlichen Zeit – berichtete er uns, im Gegensatz zu seinen Kolleginnen, die uns eher biblische Geschichten vorlasen, gerne von seinen Heldentaten im Ersten Weltkrieg. Es war uns eigentlich egal, wie so eine lernfreie Stunde gestaltet wurde, aber beim Chef der Schule ging es ganz schön hart zur Sache. Beeindruckt hat mich immer die Aussage, dass es das Allergrößte für einen Soldaten war, für seine Fahne zu sterben. Er schilderte dies recht eindrücklich, wenn der Landser mit der Fahne in der Hand, von einer Kugel getroffen, vorn über kippte und der nächste diese ergriff, um sogleich auch zu sterben. Wir mit unseren acht oder neun Jahren waren dann doch leicht irritiert … Ich beschloss jedenfalls, niemals für so einen bunten Stofflappen zu verrecken – insofern hat diese politische *Weiterbildung* durchaus ihren Sinn gehabt …

Was trieben unsere Eltern?

Das Einkommen war einigermaßen gesichert, die Währungsreform tat ihr Übriges – man hat sich arrangiert. Den intensiven Nachholbedarf für alles, was in den Kriegsjahren nicht möglich oder verfügbar war, spürte man allenthalben. Die Generation der verlorenen Jugend suchte Genugtuung indem sie konsumierte, feierte und verdrängte. Die Männer, die noch vor Kurzem mit der Knarre in der Hand durch ganz Europa vagabundierten, zogen höflichst ihre Hüte voreinander, die Damen fingen wieder an sich modisch zu kleiden und wir Kinder trabten wohlerzogen wie kleine Ponys vor den Eltern her und gaben jedem brav die Hand – möglichst noch mit einem kleinen *Diener.*

Der sprachliche Duktus wirkte furchtbar geschraubt, künstlich und unecht. Benimmregeln hatten Hochkonjunktur – es gab sogar spezielle Literatur dazu, z. B. *Die kleine Etikette* von einer gewissen Frau v. Papperitz: *Wie empfängt man Gäste, die richtige Konversation, Kleiderordnung bei Empfängen – Frack oder Smoking, langes Abendkleid oder Cocktailkleid.* Mit dem Knigge in der Hand durchs ganze Land – dies in einer Welt der engen Zwei- bis Dreizimmerwohnungen, in einem neu gegründeten Teilstaat mit anhaltendem Besatzungsstatus …

Im Radio wurden noch täglich stundenlang die Vermissten-Namen vorgelesen – Schicksale in einer nie da gewesenen Dimension innerhalb einer zusammengewürfelten Gesellschaft. Doch es wurde auch schon wieder geträllert, meist waren es Schnulzen aus der Vorkriegszeit. Da zwitscherte und pfiff die Ilse Werner, Marika Rökk gurrte mit ungarischem Temperament und ein Bully Buhlan mühte sich mit etwas schwacher Stimme ab. Ich bekam davon stets leichte Depressionen, konnte mich aber nicht dagegen erwehren. Später packte Conny Froboess noch die Badehose ein und ich fühlte mich auch nicht besser. Die Welt nach außen war schon wieder in Ordnung. Die Menschen rackerten sich ab in Fabriken, Werkstätten, Büros und generierten damit einen bescheidenen Wohlstand in einer relativ heilen Welt. Es waren die 50er-Jahre, politisch regiert uns ein gewisser Dr. Adenauer, wir hatten uns mit den alliierten Besatzungsmächten arrangiert, die Verwaltungen funktionierten perfekt, es gab Lastenausgleich für die *Looser* aus dem Osten – manche Westler neideten diese Zahlungen allerdings lautstark – aber insgesamt ging es fair zu. Man sichtete die ersten Kleinwagen und träumte von einem eigenen VW. Auch gab es wieder Urlaub und entsprechende Reisemöglichkeiten.

Camping war das Gebot der Stunde

Mein Vater hatte ja als Lehrer genügend Zeit und so ging es zusammen mit einer anderen Lehrerfamilie ab in den Süden, zuerst mal in das nahegelegene Österreich. Wir wurden mit einem VW-Bus an einen romantischen Alpensee nahe der Zugspitze gefahren. Dort abgesetzt, standen wir allein mit Fahrrädern, Koffern und allen möglichen Krimskrams im Regen – das Abenteuer konnte beginnen. Da es Anfang der 50er-Jahre noch keine Campingindustrie gab, bestand unsere Ausrüstung vorwiegend aus alten Wehrmachtsbeständen – Zelte in Tarnfarbe ohne Boden, Klappspaten und Klepper-Gummimäntel. Das Mobiliar wie Stühle und Tische wurde vor Ort gezimmert; gekocht wurde am offenen Feuer. Da es anfangs unentwegt regnete, wurden um die Zelte Gräben gezogen, in welchen man sich ohne Weiteres mit einer Panzerfaust hätte verstecken können – der Krieg war ja noch nicht so lange vorbei und so war dies für die Väter offensichtlich eine Routineangelegenheit. Auch sonst empfanden wir diese Art von Ferien als wunderbares Abenteuer – es gab ja keinen Campingplatz, die Benimmregeln waren wesentlich lockerer, weil auch die Eltern sich entspannten, sie waren damals eigentlich … relativ nett … Wir lernten Schwimmen, durften in den Bergen kraxeln, holten Wasser von einer nahegelegenen Quelle – jeder hatte irgendeine Aufgabe. Die Väter bauten uns ein Floß und sogar die Sonne hatte letztlich ein Einsehen mit uns. Es war das einfache Leben, das seinen Reiz ausübte, ein frisches Brot mit Marmelade schmeckte beinahe göttlich und wir verspürten Dankbarkeit.

In den Folgejahren gingen die Campingfahrten vorwiegend nach Italien und hatten einen völlig anderen Charakter. Die Italiener waren fixer mit ihren Campingplätzen und wussten genau, was die

Teutonen brauchten: ein Areal, wo sie möglichst unter ihresgleichen sein konnten. Zusammen mit ein paar versprengten Schweizern genossen die Eltern mit Unmengen von Chianti-Wein ihr *dolce far niente*. In Italien wurden für uns Kinder auch wieder Regeln aufgestellt – es war ja wieder ein deutsches Umfeld da, insofern fühlte man sich wieder etwas eingeengter. Aber vielleicht lag das eingeschränkte Vergnügen auch an den damaligen hygienischen Verhältnissen. Wir bekamen alle Mittelohrentzündungen; Kläranlagen gab es noch keine, das Trinkwasser sollte daher abgekocht werden, wir Kinder hatten aber ständig Durst und zogen uns daher die Brühe so rein – mit den entsprechenden Folgen für unsere Mägen und Därme. Wir konnten uns auch nicht vorstellen, wie arm Italien damals war. Ausgemergelte Bäuerlein kamen auf die Campingplätze und boten ihre *Patati* und *Tomati* für ein paar Lire an. Ich verspürte zum ersten Mal Mitleid mit den Menschen. Wir hatten ja auch nicht viel, aber Armut schrieb sich anders. Es gab natürlich auch dort – wie überall – jede Menge Kriegsgewinnler, die bereits ihre protzigen Bungalows mit bester Aussichtslage errichtet hatten. Die Schere zwischen Arm und Reich spreizte sich in Italien definitiv am weitesten auseinander.

Wir konnten uns schon etwas *leisten*, z. B. *Gelati* für zehn Lire – meine Mutter schaffte es sogar, für uns zwei Knaben zwei Kugeln á fünf Lire zu ergattern – der italienische Eisverkäufer erstarrte förmlich und war anscheinend doch fasziniert von dem Handelsgeschick meiner Frau Mama – ich wünschte mich allerdings wo anders hin …

Man erwarb billige Schuhe, bunte Wolldecken, Strickjacken und natürlich den berühmten Chianti in der Korbflasche, der dann zu Hause richtig scheußlich schmeckte. Bella Italia hat uns mit geprägt, vor allem später, als wir älter wurden und von den schmachtenden Liedern, den warmen Nächten am Meer und der völlig unterschiedlichen Lebensart unserer Nachbarn mehr als eingenommen waren.

Unsere Eltern zogen jedoch die deutsche Lebensart auch in Italien relativ konsequent durch und die schlauen Italiener passten sich dem perfekt an. Die Toiletten wurden sauberer und in den Regalen der *Alimentari* standen deutsche Biersorten. Gerhard Polt hat in seinem Film *Man spricht Deutsch* wirklich nicht übertrieben.

Die Schulzeit

So wurden wir in dieser eigenartigen Welt älter und etwas reifer. Die erste richtige Zäsur fand mit dem Übergang in die höhere Schule statt – sie nannte sich ja damals *Oberrealschule mit Gymnasium*. Ein echter Gymnasiast erhielt bereits im ersten Schuljahr Lateinunterricht, wir Oberschüler begannen mit Englisch als erste Fremdsprache, was anscheinend einfacher war. Die Selektion, wer wechseln durfte, hing damals ausschließlich vom individuellen Notenschnitt ab. Der *Nasenfaktor* spielte eine eher untergeordnete Rolle. Es gab zwar ein paar wenige *schlichtere* Mitschüler, aber die breite Masse war recht fit. Oben heraus gab es dann die etwas besser Benoteten, die sich von den Mitschülern leicht absetzten. Eltern insistierten in dieser Zeit kaum – die Autorität des Lehrers besaß etwas Absolutes. Klar war aber schon damals: die Kinder von Akademikern bzw. sogenannten *Bildungsbürgern* hatten allein aufgrund der Interessenslage ihrer Eltern eine etwas günstigere Voraussetzung in eine höhere Schule zu wechseln.

Dennoch, die Benotung folgte einer strengen und gerechten gaußschen Normalverteilung und ich kann mich nicht erinnern, dass ein wirklich guter Schüler in der Volksschule hängen geblieben ist, nur weil die Eltern kein Interesse an weiterführenden Schulen zeigten. Die Lehrer waren diesbezüglich eigentlich schon auf Zack.

Warum ich das überhaupt erwähne?

Es wird ja heute ständig über *Bildungschancen* bzw. *-gerechtigkeit*, berichtet, von *brachliegenden Potenzialen*, die nicht genutzt werden usw. Wir erfinden ständig neue Namen für immer gleiche Schulen, damit ja keine Diskriminierung stattfindet. *Gymnasium für alle* lautet die heutige Parole. Wenn Mütter sogar ihre armen Kinder mit Down Syndrom in ein Gymnasium einklagen, dann hat dies nichts mit Inklusion oder Chancengleichheit der *Kinder*, sondern ausschließlich der *Eltern* zu tun. Der jetzt wesentlich größere Anteil von Kindern in sogenannten *Höheren Schulen* ist nicht das Ergebnis von gestiegener Intelligenz, sondern betätigt lediglich die *Verschiebung der Skalierung*. Natürlich ist dies auch ein Ausdruck unserer neuen Gesellschaft, die ihre Reputation nicht nur im äußeren Wohlstand, sondern erst recht im schulischen Erfolg ihres immer rarer werdenden Nachwuchses ausdrücken will. Das *Gymmi* mit seinem *Abi* gehört also zur unverzichtbaren Standardausrüstung eines erfolgreichen jungen Menschen – ein anschließendes Studium inbegriffen.

Das Blöde daran ist, wie erklärt man dem Rest der Jugend,

die keine gymnasiale Ausbildung genossen haben, ihre Verliererrolle? Das viel gerühmte deutsche duale Bildungssystem wird längst durch diese Pseudo-Akademisierung konterkariert. Selbst die Mittlere Reife – eigentlich ein hervorragendes Rüstzeug für jeden Beruf – wird inzwischen durch *Werkrealschulen* und Ähnliches, die sich wiederum von den Hauptschulen absetzen wollen, entwertet.

35

Und die Hauptschulen selbst? Da gibt es ja noch den *qualifizierten Hauptschulabschluss*, das sogenannte *Ausländerabitur*, doch was geht damit noch offiziell? Schiffschaukelbremser, Taxifahrer, Hilfsarbeiter, Security-Angestellter vor Striplokalen oder in Asylantenheimen?

So klingt Diskriminierung – der traurige Rest der jungen Gesellschaft, der per se bzw. schwarz auf weiß nichts in der Birne haben soll, wird zum Problemfall und die Politik hat schon wieder die richtige Antwort: *fehlende Chancengleichheit* – ja wie nun? Wenn die Hauptschule zur reinen *Deppenfalle* verkommt, dann ist doch etwas faul in unserem Schulsystem. Es gibt immer eine kleine Minderheit von Kindern bzw. Spätentwicklern, die nicht gerade Höchstleistungen in Deutsch und Mathe erbringen, aber dennoch alle Chancen haben könnten. Die Industrie braucht sie dringend in der Produktion, da sie in der Regel recht zuverlässig sind, es gibt massenhaft Dienstleistungsjobs, die ohne höhere Mathematik auskommen. Und wem plötzlich *ein Licht aufgeht*, der hat immer noch die Möglichkeit sich über den berühmten zweiten Bildungsweg weiterzuentwickeln.

Die inzwischen zahlenmäßig größte Gruppe in der Hauptschule sind die Jungs und Mädels mit den viel zitierten *Migrationshintergrund* – eine der schlimmsten politisch korrekten Begrifflichkeiten! Allein *Hintergrund* klingt schon irgendwie *hintergründig*. Den Migrations-Begriff mussten wir früher im Duden erst recherchieren, doch jetzt wissen wir's ja: Man meint die Ausländerkinder …

Wie scheinheilig muss man denn als Bildungspolitiker sein, wenn bei Kindern aus anderen Kulturen, deren Eltern sie zwangsläufig in ihrer Muttersprache erziehen, erst in der Schule zu aller Überraschung festgestellt wird, dass sie kein deutsches Wort richtig aussprechen können? Erst jetzt versucht man verzweifelt mithilfe der Kitas die Kinder zumindest sprachlich *einzudeutschen* und ist zu feige, dies offen anzusprechen! Ob das überhaupt gelingt, bleibt nur zu hoffen.

In den Grund- und Hauptschulen fehlen ganz einfach der Druck und auch die Möglichkeit, die elementarsten Fähigkeiten – richtig schreiben, lesen und rechnen zu können – systematisch und stringent durchzusetzen. Dieses Unvermögen wird demnächst der Gesellschaft krachend auf die Füße fallen. Wir werden erst bei *Ausländerkindern* mit *vernünftigem* Bildungsniveau den Respekt und die Achtung vor unserer eigenen Kultur erreichen. Ohne diese grundsätzliche Vorgaben läuft die sogenannte *Integration* ins Leere und eine Identifikation mit unserer offenen Weltanschauung erst recht.

Warum wird das Handwerk zu einer Randgruppe?

Warum nur wird das Handwerk – eine Domäne unserer Wirtschaft – mehr und mehr zu einer bildungspolitischen Randgruppierung? Die Politiker huldigen dem Abitur für jedermann, als ob es nur *darauf* ankäme. Alle Welt beneidet uns um das duale Schulsystem und wir sind gerade dabei es abzuschaffen. Wir brauchen anscheinend Taxifahrer mit Abi nach spanischem oder griechischem Vorbild. Was reitet denn die Politiker wirklich? Doch nicht die Chancengleichheit! Würde man eine Gesellenprüfung und eine spätere Meisterprüfung in ihrer gesamten Reputation mit den sogenannten *höheren Schul-* bzw. *Studienabschlüssen* gleichsetzen und auch entsprechend (finanziell) anerkennen, würden sich wieder viele qualifizierte Kinder und Jugendliche ihren Neigungen und Fähigkeiten zuwenden und nicht dem Diktat eines gesellschaftspolitischen Mainstreams unterwerfen müssen.

Wir haben unsere alten deutschen akademischen Grade über Bord geworfen und durch anglo-amerikanische Begriffe ersetzt, um eine internationale *Kompatibilität* zu erzielen. Wie krank das ist, wissen jene Leute, die als Diplomingenieur oder Wissenschaftler mit Magisterabschluss international tätig waren. Ihnen zollte mit ihrem deutschen Hochschulabschluss jeder Respekt. Wie kompatibel ein thailändischer mit einem deutschen Bachelor tatsächlich ist, konnte mir bis jetzt allerdings noch keiner richtig erklären. Unsere Bildungsminister, die bei ihren eigenen akademischen Graden schon mal gerne schummeln, haben im vorauseilenden Gehorsam und geradezu peinlicher Unwissenheit Weltoffenheit bewiesen, ohne sich über die Konsequenzen im Klaren zu sein – Bologna lässt grüßen. Die Damen und Herren Hochschullehrer beugten sich in beinahe makaber devoter Grundhaltung ihren Vorgesetzten und die Studenten ertrugen es – wie immer – mit Gleichmut …

Betrachten wir mal die Titel *Bachelor* bzw. *Master* genauer, so fällt uns als Erstes auf, dass diese – frei übersetzt – *Geselle* und *Meister* heißen und dass wir diese Titel bereits seit dem Mittelalter als ausschließliches Qualifikationsmerkmal unseres *Handwerks* einsetzen. Was hindert uns also daran, zukünftig auch für das Gewerbe diese offensichtlich für deutsche Ohren so elegant klingenden Namen *Bachelor* und *Master* anzuwenden? Juristisch dürfte das doch gar kein Problem sein, da Anglizismen in unserer Umgangssprache ohnehin gängige Praxis sind. Demnach wäre es auch definitiv wurscht, ob die Berufsbezeichnung deutsch oder englisch ausgesprochen wird. Ich bin sogar überzeugt, dass diese englischen Titel jeder pfiffige Jurist für das Handwerk einklagen könnte. So könnte man ja – wie früher bei den FH-Ingenieuren – ein ähnliches Berufskürzel anfügen, z. B. *Bachelor (Car Mechanic)*, oder *Master (Electrician)* und der *Gesellenbrief* hieße dann *Cerificate of Bachelor (Electrician)* – klingt doch irgendwie geil …

Die höhere Lehranstalt

Die Kriterien für den Übertritt in eine *höhere Lehranstalt* beschrieb ich bereits – es waren ca. 5 – 10 Prozent der Schüler, die anscheinend den Anforderungen genügten. Ich war auch dabei, zählte mich aber definitiv zur untersten Kaste der *Auserwählten*. Wir mussten alle Aufnahmeprüfungen machen, die ziemlich gesalzen waren, und anschließend zittern, ob es zum *Bestanden* reichte, oder ob man zu *den Seinen* zurück musste.

Ich hatte also Glück und durfte in das altehrwürdige Gebäude aus der Gründerzeit übertreten. Da gab es plötzlich viele Lehrer, die oft stündlich wechselten. Sie wurden mit *Herr Professor* angesprochen und auch sonst verspürte man den bohnerwachsgeschwängerten Hauch der höheren Bildung. Die älteren Jahrgänge sahen durch uns durch – später wusste ich auch warum.

Man hatte nicht mehr Rechnen, sondern Mathematik. Es gab ein Plus, ein Minus, eine Summe, ein Produkt, ein Aggregat einen Quotienten usw. Wir fanden dies hochinteressant und waren erst mal eifrig dabei. Auch Deutsch war nicht mehr Deutsch, denn jetzt fand die Grammatik im alten Rom statt – Latein war die Syntax des Regelwerks. Als kleiner Katholik, den man zum Kirchgang verdonnert hatte, kannte man natürlich aus der lateinischen Liturgie einige Begriffe, die ich allerdings – selbst als Ministrant – nie kapiert habe: *Dominus vobiscum* haben wir immer frei übersetzt mit *Domino, wo bist du?* und die Antwort *Et cum spiritu tuo* hatte wohl was mit Spiritus zu tun.

So nahm unsere Bildung ihren Lauf. Die Lehrer spiegelten in ihrer körperlichen Unversehrtheit den Durchschnitt des damaligen männlichen Deutschlands wider – es gab einbeinige, einarmige und einäugige Lehrer an unserer Schule; Lehrer mit Silberplatten in ihren Schädeln und entsprechenden Sprachstörungen. Wir Kinder fanden dies alles relativ normal, weil es draußen ja ähnlich zuging.

Der Lehrkörper war damals männlich dominiert – ich kannte nur eine Lehrerin für Französisch und die war schlimmer als alle männlichen Kollegen zusammen …

Disziplin stand bei allen Lehrern hoch im Kurs. Ich kann mich noch gut an meinen (einarmigen) Erdkunde- und Mathelehrer erinnern – für ihn begann der Unterricht mit perfektem strammem Aufstehen, wenn er den Klassenraum betrat. Dies galt es ständig zu üben – wir mussten teilweise eine Viertelstunde lang nur aufstehen und sitzen, aufstehen und sitzen, bis es innerhalb einer halben Sekunde vorzüglich klappte. Dabei war entscheidend, dass es einen einheitlichen *Rums* gab, ohne Gepolter und Geklapper. Vermutlich waren dies eher verkappte Leibesübungen, um unsere Aufmerksamkeit zu steigern. Die *Übungen* steuerte der Herr Professor mit den Daumen seiner intakten Hand, die Kunsthand nutzte er eher als eine Art Hackebeil, das bei Anzeichen mangelnder Subordination oder Aufmerksamkeit auf seinen Katheder niedersauste. Und dennoch – wir verehrten ihn, weil er fair war, einen interessanten Unterricht bot und uns etwas beibrachte. Wir erkannten sehr wohl sein Handicap und halfen ihm gerne beim Tragen seiner Aktentasche oder Aufhängen von Landkarten etc. Häme aufgrund seiner Behinderung kam interessanterweise nie auf.

Das Spektrum von Lehrern kennt ja jeder. Die wichtigste Unterscheidung war auch damals die Befähigung, Kinder gut oder schlecht zu unterrichten. Leider hat sich daran bis heute nicht viel geändert, soll heißen, es gibt immer noch *Tränen* von sogenannten *Pädagogen*, die besser Bibliothekare, Tierpfleger oder Ähnliches hätten werden sollen, ganz zu schweigen von den hinterlistigen Figuren, die ein Kind bzw. dessen berufliche Entwicklung regelrecht vernichten können. Jeder kennt sie, jeder hasst sie … Ich hatte bei einigen regelrechte Mordfantasien … Unsere Lehrer waren natürlich nicht nur körperlich, sondern auch seelisch von den Kriegsereignissen gezeichnet, was sich manchmal in bestimmten Verhaltensmustern ausdrückte – kannte ich auch von meinem Vater, der ja auch Lehrer war.

Gedankengut aus *früherer Zeit* wurde kaum rüber gebracht – vielleicht fiel es uns auch bloß nicht auf, weil wir als Kriegs- bzw. Nachkriegskinder ohnehin alle *kontaminiert* waren … Natürlich gab es auch Lehrer, die lautstark gegen die Nazis *mit dem verkrachten Postkartenmaler an ihrer Spitze* polterten – uns war aber nie so richtig klar, ob die alten Knaben sich auch während der Nazizeit so exponiert aufgeführt hatten oder ob es eher eine Art Spät-Opportunismus war, der sich da seinen Weg bahnte. Hier wurden wir Schüler ohnehin meist unterschätzt, wir erkannten sehr schnell den Unterschied zwischen einem aufrechten Menschen (auch mit kleinen Fehlern) und den *falschen Fuffzigern*, die in jener Zeit jedes Chamäleon in den Schatten stellen konnten.

Bereits nach dem ersten halben Jahr

War die Probezeit nach dem ersten halben Jahr vorüber, *durften* beinahe 50 Prozent der Neuzugänge wieder zurück in ihre alte Volksschule. Das war eine verdammt harte Auswahl, aber damals Usus, weil die Klassen rammelvoll waren und die Schulen nicht um irgendwelche Schülerzahlen buhlen mussten.

Der *Überlebenskampf* begann also recht früh, ich kann mich aber nicht erinnern, besonders gekämpft zu haben. Das Ergebnis war daher sonnenklar: meine Noten wurden schlechter und schlechter. Die Parolen meines Vaters hingegen waren vergleichsweise markig. Gängig war der Spruch *Vogel friss oder stirb*. Da ich kein Vogel war, berührte dies mich jedoch nur äußerst peripher. Ebenso die Parole vom *Mann mit der Spitzhacke im Erdloch*, als Alternative zu meiner Ausbildung. Nachdem dieser virtuelle Mann einen Graben von Flensburg bis nach Garmisch ausgehoben hatte, gab mein Vater schließlich auf.

Meine Schulnoten wurden eigentlich ständig thematisiert. Wenn ich mal in Deutsch oder Mathe zufällig eine bessere Note nach Hause brachte, frohlockte mein Vater, indem er mir flugs klar machte, dass nur die Besten die Zukunft bestehen könnten und ich somit jetzt endlich auf dem richtigen Weg sei. Mit den Jahren wurde meinem Vater, der eigentlich ein recht pragmatischer Pädagoge war, immer klarer, dass der Gradient meiner schulischen Leistungskurve immer seltener nach oben ging und des Öfteren auch eine Fünf die Stetigkeit meiner Vierer-Kette durchbrach.

Ich empfand schon längst die Vier – immerhin *ausreichend* – als die Eins des kleinen Mannes. Entsprechend fand auch ein gewisser Paradigmenwechsel in der Rhetorik meines Vaters statt. Anstelle des üblichen Leistungsträger-Ideals folgten jetzt die klassischen Durchhalteparolen wie *Hauptsache durchkommen*. Ich dachte unwillkürlich an seinen Russland-Feldzug und war am Ziel.

Durchwursteln mit möglichst geringem Aufwand lag mir irgendwie mehr. Ich wollte nie *Leistungsträger* sein – das waren in meinen Augen meist blasse Figuren, selten besonders witzig, Streber halt …

Ich kann mich noch gut erinnern, dass so ein Knabe bitterlich weinte, weil er bloß eine Zwei in Mathe – oder war es Englisch? – bekommen hatte, einfach krank. Meine Mutter hätte mir in jener Zeit dafür wahrscheinlich eine extragroße Buttercremetorte gebacken oder eine Freikarte fürs Kino oder für den Zirkus spendiert.

Mein Belohnungssystem fand ich eher in der Freiheit des Schuleschwänzens oder des professionellen Abschreibens beim Nachbarn. Brenzligen Situationen ging ich aus dem Weg, indem ich die perfekt gefälschte Unterschrift meines Vaters auf sämtliche Schuldokumente setzte, die mich in irgendeiner Form herabwürdigten. Dies waren vornehmlich schlechte Probearbeiten, Verweise, auch Arreste und die berühmten Blauen Briefe mit dem Vermerk *Versetzung gefährdet*. Ich war insofern immer wieder überrascht, dass es am Schuljahresende doch irgendwie weiterging.

Warum erzähle ich das alles? Weil ich im späteren Leben herausfand, dass gute Noten das eine sind, gesunder Menschenverstand, eine Prise Risikobereitschaft und natürlich etwas Grips in der Birne aber die eigentlichen Elementarteilchen für ein interessantes Leben darstellen. All dies hat mit Karriere im klassischen Sinn allerdings absolut nichts zu tun!

So vergingen die Jahre

Eine zweite Fremdsprache mit der vorgenannten Französischlehrerin kam hinzu, die sogenannte *Allgemeinbildung* fraß sich in uns hinein, ohne dass wir etwas mit ihr anfangen konnten. Richtig praktische Fähigkeiten, wie z. B. jemand anderem eine richtig zu donnern, waren daher eher unterentwickelt – und so ging ich diesen Auseinandersetzungen gerne aus dem Wege.

Bemerkenswert war unser Bildungshorizont in Geschichte

Während wir in der Grundschule die Steinzeit bevorzugten, kam jetzt eine Welle von Kulturen auf uns zu, die uns regelrecht überforderten: die alten Ägypter, Griechen, Römer, Phönizier, Karthager,

Chinesen und, und, und trieben Dinge, führten Kriege und wussten eigentlich schon beinahe alles. Es war ja im Prinzip auch recht interessant, großer Nachteil dabei: alles was mit Jahreszahlen verknüpft war, wurde in Extemporalen bzw. Probearbeiten ständig abgefragt. Die Völker schlugen sich die Köpfe ein und wanderten und wir sollten dann immer noch wissen wohin.

Und dann waren sie endlich da – die alten Germanen. Man verspürte förmlich den Stolz unseres Herrn Professors, wenn er vom Teutoburger Wald berichtete, wo Herr Varus eins auf die Mütze bekam, und so waren natürlich auch wir stolz auf *unsere* Heldentaten …

Auch im Mittelalter ging es richtig zur Sache, wobei uns Knaben die Ritter in ihrer feschen Rüstung und die reizvollen Ritterfräulein mit Abstand am meisten interessierten. Da war die Welt irgendwie in Ordnung – wer nicht parierte, wurde in höfischer Manier filetiert. Wir spielten diese *Gerechtigkeit* gerne in unserer Freizeit nach, bewaffneten uns mit Weidenstöcken und fochten damit, bis die Finger blau und blutig waren. Als literarische Stütze lasen wir natürlich *Prinz Eisenherz* – ein Vorbild, das man einfach nicht mehr toppen konnte – edel, gut aussehend und fit gewann er jede Schlacht gegen Hunnen, Wikinger und andere unsympathische Völker, die meist auch noch beschissen aussahen … Ganz zu schweigen von dem erlauchten Burgmädel *Alete* – wir waren hin und weg mit unseren armseligen vorpubertären Outfits und Aussehen: die Beine längten sich storchenartig – oft über Nacht – ohne dass der Restrumpf, oder zumindest die Hose dies mitbekam. Andere Jungs verformten sich eher in die Breite und freuten sich entsprechend auf ihre neuen Namen wie *Dicker Pfanni* etc. Und *wir* sollten Alete erobern?

Unsere realen weiblichen Geschlechtsgenossinnen waren da irgendwie souveräner und uns in ihrer Entwicklung weit voraus. Da sie in uns ohnehin Aliens sahen, wurden wir mit entsprechend Verachtung abgestraft. Wir schämten uns und kämpften weiter unseren gerechten Kampf mithilfe von Weidenstöcken in Waldlichtungen und Flussniederungen …

Heroisch ging so unser Geschichtsunterricht weiter. Unter *Aufklärung* verstanden wir zwar etwas völlig anders, aber der Lehrer blieb bei *seiner* Version. Der 30-jährige Krieg hatte dann schon eher etwas Deprimierendes, da wir nie so richtig wussten, *wer* eigentlich gewonnen oder verloren hatte. Auch die Schweden waren fortan bei mir keine Sympathieträger mehr – man erinnere sich nur an den berüchtigten *Schwedentrunk*.

Die innere Grundhaltung unseres historischen Bewusstseins ließ dann doch merklich nach. Zwar gab es noch das *Römische Reich Deutscher Nation*, was ja ganz gut klang, aber wir merkten schnell, dass dieser seltsam heterogene Laden vorwiegend mit sich selbst beschäftigt war, während – ganz anders – die Franzosen ihre Bastille erstürmten und *die Sau raus ließen*. Und so wechselten wir spätestens die Seiten, als der kleine Napoleon den Europäern zeigte, was eine Harke ist. Zu unserem Leidwesen machte auch er schlapp und versagte bei Waterloo. Die Lehrer ließen aber nicht locker und schwärmten verträumt und euphorisch von einer neuen Welt – die der *Emser Depesche* mit dem daraus resultierenden 70-er-Krieg und der *heroischen* Schlacht von Sedan. Ein jetzt preußischer Kaiser war anscheinend schnell gefunden und wir konnten endlich wieder stolz sein – waren wir aber nur bedingt, weil selbiger Lehrer auch erzählen musste, dass dies, nicht viel später, wieder in einen Krieg mündete, den wir zu allem Überdruss auch noch verloren hatten. Man schwadronierte noch vom unseligen *Versailler Vertrag* mit seinen ungerechten Gebietsverlusten und Reparationszahlungen und das war dann auch unser Bildungsabschluss, denn weiter ging der Geschichtsunterricht damals nicht. Vielleicht lag es auch daran, weil die sogenannte *jüngste Geschichte* allgegenwärtig war und sie somit noch in keine historische Ablage passte. Unser Interesse daran war übrigens ohnehin nur mäßig, da man sich die Storys darüber, mit der jeweils individuellen Deutung, ja an jeder Ecke Deutschlands abholen konnte.

Die Erotik der Nachkriegszeit

Ein äußerst schwieriges Thema für uns Knaben der damaligen Zeit! Man fühlte sich ja schon als Kind zum anderen Geschlecht hingezogen, irgendwie waren sie doch netter und halt anders. Dies herauszufinden, war aber ein großes Problem für all jene Jungs, die keine Schwester ihr eigen nennen durften. Ich war so ein Fall und so beschloss ich, zusammen mit einem gleichaltrigen Mädchen, das wiederum keinen Bruder besaß, die wesentlichsten biologischen Unterschiede zwischen uns beiden – wir waren beide ca. fünf Jahre alt – zu erkunden. Das Geheimnis war innerhalb einer halben Minute gelüftet – wir entledigten uns einfach unserer Unterhosen und ich sah – nichts ... Mein Bedarf an Aufklärung war damit erst mal gedeckt, zumal ich die bedauernswerten Geschöpfe *mit ohne irgendwas dran* nicht richtig einordnen konnte. Diverse *Doktorspiele* – fernab elterlicher Aufsicht – rundeten meinen Informationsbedarf zusätzlich ab, wobei hier meist die Mädchen den aktiveren Part übernahmen.

Während meiner Campingexkurse verspürte ich auch eine gewisse Zuneigung zu der Tochter unserer Partnerfamilie. Wir waren ja fast im gleichen Alter und *praktizierten* ausgiebig Heirats- und andere informative Gesellschaftsspiele.

Doch die eigentlichen Prüfungen folgten erst mit beginnender Pubertät. Jetzt veränderte sich das Interesse schlagartig. Während die vorgehenden *Informationsveranstaltungen* eher akademischer Natur waren, waren wir Knaben plötzlich die *Getriebenen*. Doch wie konnte man seinen Informationsbedarf stillen? Hier war primär Fantasie angesagt, es gab schließlich kein Internet, sondern nur die traurig-prüde Welt der Nachkriegsgesellschaft. Die Frauen liefen in schlauchartigen Kostümen herum, die nichts, aber auch gar nichts preisgaben, in den Kinos lief *Rosen-Resli* oder so was. Das Thema *Sex* war derart tabu, dass wir schon Darstellungen von Adam mit der nackten Eva in der Bibel anregend fanden. Beinahe pornografisch fanden wir daher die Abteilung *Damenunterwäsche* mit den Abbildungen von mit Schlüpfer und Korsett bekleideten Damen in diversen Versandhauskatalogen.

Meine Vorliebe für völkerkundliche Literatur fiel sogar den Damen der Stadtbibliothek auf. Hier fand ich, was meine kranke Fantasie brauchte: Bücher, meist aus den 20er- oder 30er-Jahren, die wunderschöne dunkelhäutige Mädels splitternackt zeigten. Ich war förmlich verliebt in manche schwarze Schönheit und beschloss, diese später auch zu ehelichen. Warum es damals keine Bücher gab, die auch – unter rein völkerkundlichen Gesichtspunkten – die weißen Mädels ablichteten, war mir seinerzeit nicht ganz klar.

So beschloss ich, diese Informationsdefizite in den Badeanstalten auszugleichen. Die Umkleidekabinen waren damals aus Holz und mit unzähligen Löchern perforiert. Der Bedarf an Information scheint damals riesengroß gewesen zu sein. Mein Glücksgefühl kannte keine Grenzen, wenn eine jüngere Frau sich ihres Badeanzugs entledigte. Bei älteren Damen zog man sich dann doch lieber zurück.

Wir wussten jetzt wenigsten, was alles auf uns wartete. Die Realität war jedoch eine andere: Wir fanden uns – rein optisch – schon ziemlich beschissen. Wie schon beschrieben, schossen wir in die Höhe – spindeldürre Klapperfiguren mit viel zu kurzen Hosen, pickeligem Gesicht oder eben richtige *Dampfnudeln,* die schweren

Schrittes daher watschelten. Keiner von uns machte einen Stich bei den Mädchen, denn sie hatten nur Blicke für den einen, den schönen Jüngling, der es auf wundersame Art und Weise geschafft hatte, sich seiner Pubertät quasi über Nacht zu entledigen. Ja, diese Jungs gab es tatsächlich und wir mussten resigniert zuschauen, wie sie unsere Traumfrauen in ihren kecken Petticoats abschleppten. So behalfen wir uns mit Sprücheklopfen, Ratschlägen und jeder Menge Schweinereien, die der eine oder andere wusste. Beliebtes Thema war die Damensauna im Ort: Der Vater eines Klassenkameraden war dort Saunameister und so wurden wir mit Informationen geradezu bombardiert, die sich der Jüngling natürlich speziell für uns ausdachte und die wir dankbar verinnerlichten.

Mit dem Stimmbruch endete auch für alle Zeit meine Frömmigkeit

Die sogenannte *Ohrenbeichte* war ja immer noch wichtiger Bestandteil der katholischen Eucharistiefeier. Und so musste man bereits am Samstag die Beichte für die Sonntagsmesse ablegen, um die obligatorische Kommunion zu erhalten. Zu diesem Zweck bediente man sich eines sogenannten *Beichtspiegels*, worin alle Sünden fein säuberlich aufgelistet waren, man könnte ja sonst leicht im Stress des Beichtstuhls das eine oder andere Vergehen vergessen. Während man dem Pfarrer relativ locker von Gotteslästerungen, Lügen oder gar von den armen Eltern, denen man zu wenig Ehre angedeihen ließ, berichtete, begann man beim sechsten Gebot – der Unkeuschheit – regelrecht zu schwitzen. Dieses Gebot konnte man nicht einfach als Einheit *wegbeichten*, sondern es war aufgedröselt in Sparten. Es begann mit *gerne gedacht,* steigerte sich dann in *ger-*

ne gemacht und fand seinen Höhepunkt in *allein, oder mit anderen* und dann kam die Frage vom Meister: *Wie oft?* Man versank förmlich in Scham und Peinlichkeit, leierte nach dem *Absolvere* schnell seine zehn *Vaterunser* herunter, sah aber bereits in der Kirche ein hübsches Mädchen, das einen dazu noch anlächelte, und spürte förmlich, wie die nächsten Todsünden die Hirnwindungen infiltrierten und mit *abstoßenden* Fantasien zersetzten. Mir war sofort klar, dass die Kommunion am nächsten Tag ungültig war und so ließ ich ab diesem Zeitpunkt meinen Gedanken freien Lauf. Die letzte Kommunion am darauffolgenden Tag habe ich ohne Blitz und Donner überstanden und beschloss mit meinen 14 Jahren, zukünftig die Kirche zu meiden. Interessanterweise drängten auch meine Eltern mich danach nie mehr zum sonntäglichen Kirchgang – vielleicht lag es auch an der reichhaltigen völkerkundlichen Literatur, die sich auf meinem Schreibtisch türmte …

Mein Vater ging übrigens zu jener Zeit nie in die Kirche, dies lag wohl an seinen Kriegserlebnissen, die ihn innerlich nie losgelassen haben. Er berichtete auch einmal von Segnungen von Kanonen und Panzern – eine doch ziemlich perverse Veranstaltung.

Die Kirchen waren in jener Zeit immer bis auf den letzten Platz gefüllt. Mit dem Kirchgang suchten die Menschen offensichtlich ihre seelisches Gleichgewicht wiederzuerlangen – oder war es eine Art Gemeinschaftsgefühl, das man jetzt wieder brauchte? Ich praktizierte jedenfalls ab sofort meinen Gottesdienst außerhalb der Kirchengemeinschaft, weil ich den *Chef* ja ohnehin nur noch bei schlechten Noten dringend benötigte. Doch da ich nicht mehr in die Kirche ging, blieb es bei den schlechten Noten.

Zurückblickend differenziere ich das *Drumherum* um unsere Götterwelten doch stark. Wir betreiben ja inzwischen Meditationsübungen, autogenes Training und allerlei asiatische Übungen und Verrenkungen, in der Hoffnung unsere innere Stabilität zu erhalten oder wieder zu erlangen. Wir machen Wellness-Kuren, rennen wie die Deppen durch Wald und Flur und hoffen inständig auf ein langes oder besser – wenn's denn ginge – ewiges Leben. Insofern finde ich generell die kirchlichen Veranstaltungen wieder recht zielführend: Wir können unsere fantastischen Dome und Kirchen aufsuchen und unter Umständen dort jenen inneren Frieden wiederfinden, den wir so dringend suchen. Der Priester brummt gerne leicht Verständliches, liest alte Texte aus alten Büchern vor, es erklingen die Glöckchen von Ministranten und der schwere Weihrauch setzt angenehme Gefühle frei. Man verlässt das Gotteshaus wieder und fühlt sich innerlich relaxed. Die Kirchen sind hier auch wesentlich *lässiger* geworden – *Ohrenbeichte* und *nüchterne Kommunion* gehören längst der Vergangenheit an. Jetzt wäre es an der Zeit, die Dogmen und die verschwurbelten Bibeltexte, die sich seinerzeit ein paar alte schlaue Männer ausgedacht haben, anzugehen. Es bestünde dann unter Umständen die Möglichkeit, den Menschen ein paar seelische Leitlinien anzubieten, die so weder im Grundgesetz noch in alten Religionsbüchern stehen.

Nochmals zurück zur *Ohrenbeichte*, über die man heute ja lächeln darf: Wir hatten in der Familie einen interessanten Freund, der vom ehemaligen Jagdpiloten zum Dorfpfarrer *konvertierte*. Dieser berichtete vom Segen mancher *Ohrenbeichte* für die Menschen im ländlichen Raum; speziell für die Frauen war er oft eine Art Psychiater, dem sie sich anvertrauen konnten. Dabei ging es vornehmlich um Zwischenmenschliches und selten nur um den lieben Gott. So hatte für viele Menschen die Beichte offensichtlich doch was Gutes – but not for me …

Unsere heutige sogenannte *säkulare laizistische Gesellschaft* hat sich meines Erachtens stark zurückentwickelt und ist eigentlich inzwischen ein Ausbund an Verlogenheit. Es ist eben jene sogenannte *Toleranz,* die vorgeschoben wird, um die Feigheit der Gesellschaft gegenüber Andersgläubigen oder orthodoxen Glaubensrichtungen zu kaschieren. Was läuft denn gerade für ein Film, wenn massenhaft den armen Schafen und Rindern bei vollem Bewusstsein die Hälse für die Nahrungsaufnahme irgendwelcher frommen Glaubensbrüder durchgeschnitten werden müssen und unsere ach so sensiblen Tierschützer hier mal ganz locker wegschauen. Wir *Taufscheinchristen* können in die Kirchengemeinschaft ein-, aber vor allem auch ganz locker wieder austreten – ein Gang zum Einwohnermeldeamt genügt bekanntlich. Wir genießen spiritistische Musicals, singen *Jesus Christ Superstar* und lachen uns schief bei *Monty Phytons Life of Brian.* Unter Blasphemie verstehen wir da eher, wenn ein Limburger Kardinal seine Wohnanlage aufwendig gestaltet, um Gott besser huldigen zu können. Die Entwicklung meiner Generation hat gerade diese Lockerheit gegenüber Gott und der Kirche stark geprägt. Das hat noch nicht unbedingt etwas mit Atheismus zu tun, sondern eher mit einer freien Meinungsäußerung und der Toleranz zwischen Gläubigen und Ungläubigen! Unsere Kirchen sind bekanntlich nicht mehr besonders voll – aber wo ist das Problem? Wer will, der kann ja …

Doch jetzt schleicht sich wieder eine seltsam verlogene *Toleranz* gegenüber den Gefühlen sehr frommer Menschen ein. Menschen, die ihrem Glauben – ausgerechnet in unseren Breitengraden – durch ihre andersartige Kleidung und Ernährung Ausdruck verleihen. Ist das wirklich Toleranz oder nur die reale Feigheit der Gesellschaft gegenüber orthodoxen Akteuren, die Respekt einfordern und dabei genau jene Freiräume nutzen, die wir einst mühsam erkämpft haben? Und das wohl Seltsamste ist, dass heute ausgerechnet in Moscheen massenhaft junge Burschen den archaischen, oder vielleicht auch anarchischen Botschaften von frisch aus arabischen Regionen importierten Imamen lauschen. In diesem Alter sind wir Kerle doch nicht in die Kirche gerannt und haben uns Bibeltexte unserer Priester reingezogen – da ging die Post wahrlich ganz woanders ab ...

Irgendwas ist faul im Staate, wenn wir Sitten und Gebräuche akzeptieren bzw. respektieren sollen, die wir einst als Kinder in Hauffs Märchen gelesen haben, Geschichten, die Abertausende von Jahren zurückliegen! Eine Rolle rückwärts in unserer Gesellschaft, die äußerst riskant ist. Mein persönlicher Bedarf an fanatischen Glaubensbrüdern aller Art ist schon seit meiner Kindheit für alle Zeit gedeckt – dies gilt im Übrigen auch für die christlichen Sektierer, die vor allem in den USA ihr Unwesen treiben. Wenn ich mich als *Alt-68er* darüber besonders aufrege, dann deswegen, weil wir schon eine völlig andere Kultur im Land praktizierten; ich erinnere mich an meine Studienzeit mit internationalen Kommilitonen – von Persern, Ägyptern, Türken, Indern, bis hin zu Chinesen war alles vertreten und unsere unterschiedlichen Gottheiten interessierten uns damals reichlich wenig, umso mehr das andere Geschlecht ... Wo – verdammt – ist diese Lockerheit geblieben?

Doch wieder zurück zum wahren Leben:

Mein innerer Austritt aus der Kirche hat keinesfalls meine Persönlichkeit in irgendeiner Form verbogen oder gar meine sexuellen Nöte gelindert. Als verstockter schamhafter Jüngling, pickelig und komplexbehaftet, war eine Annäherung an das andere Geschlecht definitiv ausgeschlossen. Man behalf sich damals mit einschlägiger Literatur, die unter den *Experten* während der Schule gehandelt wurde (z. B. *Aus dem Tagebuch einer 17-Jährigen*, handgeschrieben – machte einen fix und fertig). Auch gab es schon die stark abgegriffenen Fotos weiblicher *Sonnenanbeterinnen,* doch da musste man schon ein sehr guter Freund des Eigners sein, um einen Blick drauf werfen zu können. Größtes Risiko war übrigens die Schule: Hier drohte unter Umständen sogar der Schulausschluss, wenn man damit erwischt wurde!

Wer einen Stimmbruch hinter sich hatte, war auf dem richtigen Weg, denn ab sofort konnte der *Profi* Filme *ab 18* besuchen. Die Damen an der Kasse wussten sicher immer, wer wir waren, aber vielleicht hatten sie Verständnis oder sahen nur den Umsatz. Das Verderbnis nahm so seinen Lauf, denn *ab 18* hieß in der Regel, für ein bis zwei Sekunden eine nackte Brust bewundern zu dürfen. Natürlich kannte man die Stelle ganz genau und hätte sich dann gewünscht, dass der Film hier in eine Endlosschleife mündete. Glücklich verließen wir dann das Kino, berichteten den engsten Freunden überschwänglich und mit extremen Übertreibungen von diesem unglaublichen Ereignis und wussten auch, dass damit das letzte Taschengeld aufgebraucht war.

Es gab in dieser prüden Zeit durchaus auch eine Jugend, die sich sehr früh näher kam, doch selten kamen sie aus unserem (spieß-)bürgerlichen Milieu; sie verdienten meist recht früh ihr eigenes Geld und heirateten entsprechend bald. Manch hübsche Maid wurde so meinen Träumen entrissen.

Dann waren da noch die lockeren amerikanischen GIs – sie verkehrten in ganz bestimmten Lokalen mit ganz bestimmten Mädels. Irgendwie wussten wir davon, aber es war eine ganz andere Welt und für uns uninteressant.

Beginnende Mobilität

Ich spreche von Mopeds – da begann die soziale Ungerechtigkeit aufs Neue. Fahrräder hatten wir alle, ausgerüstet mit *Torpedo-3-Gang-Schaltung* (ich hatte nur eine unwürdige 2-Gang-Schaltung), doch was waren unsere Drahtesel gegen ein herrlich stinkendes Moped? Die Mädchen waren beileibe nicht so interessant, wie ein derartiges Knattergerät. Doch wie kam man bei so intoleranten Eltern, wie wir sie hatten, an so ein Gefährt? Definitiv: nie! Jungs, die ein Moped hatten, waren entweder in der Lehre und verdienten schon etwas Geld, oder kamen aus gut florierenden Handwerker- oder Kleinbetrieben.

Ich hatte dennoch Glück, da sich in unserem Haus ein Friseursalon befand und ein Altgeselle mir für schlanke 20,- Mark sein altes heruntergewirtschaftetes Moped, eine *Zündapp Combinette*, bei dem der dritte Gang öfters herausrutschte, vermachte. Es war aber eher ein Fahrzeug für Underdogs wie ich einer war, denn wer was auf sich hielt, bzw. wessen Eltern spendabel waren, besaß eine *Kreidler Florett*. Es gab natürlich auch noch andere Marken wie *Quikly*, *Viktoria* etc., aber die hielten keinem Vergleich stand und waren somit auf der Beliebtheitsskala eher etwas für Berufstätige, die sich Motorrad oder Kleinwagen nicht leisten konnten.

Ich hatte jedenfalls meine Mobilität selbst finanziert und sah es daher auch nicht ein, meine Eltern darüber zu informieren. Erst recht nicht, als die ersten Blessuren mein Äußeres veränderten …

Als einzige *Tuningmaßnahme* pinselte ich mein Moped feuerrot an und klebte mit weißem Isolierband schnittige Rennstreifen auf die Schutzbleche. Ich war ziemlich sicher, dass die Kiste dadurch auch schneller fuhr. So rückten die Mädchen auf meiner Prioritätenliste eine Zeit lang in die zweite Reihe.

Hat man erst seinen *Lebenstraum* erfüllt, ändert sich auch wieder die Interessenslage ...

Beschleunigt wurde diese durch den wiederholten Ortswechsel meines ehrgeizigen Vaters. Er bekam eine Schulleiterstelle in einem anderen Ort und ich wieder mal eine neue Schule mit all den bekannten Problemen.

Inzwischen gereifter war mir klar: so konnte es mit meinen sexuellen Defiziten nicht weitergehen. Die unüberprüfbaren Angebereien in meinem direkten Umfeld, *wie viele Frauen man schon umgelegt hat und wie schnell und simpel alles funktionierte*, waren eine zunehmende Belastung für mich. Ich fand mich im Spiegel auch nicht mehr so abstoßend wie früher, sodass die Selbstzweifel wuchsen. Natürlich hatte ich in den inzwischen perfekt durchorganisierten Campingferien schon mal an dem einen oder anderen wohlerzogenen Mädchen meiner Alterskategorie herumgrapschen dürfen, aber so richtig erfolgreich war ich nicht.

Doch da wohnten zum Glück in direkter Nachbarschaft zu unserem Haus die Töchter eines Lehrerkollegen meines Vaters. *rein zufällig* erschienen sie immer am Fenster, wenn ich den Hof betrat und posierte. Mein immer noch rotes Moped versteckte ich sicherheitshalber hinterm Haus, da ich wusste, damit keine Punkte mehr sammeln zu können. So geschah es, dass die sehr kontaktfreudigen Schwestern mich für ein näheres Kennenlernen auserkoren hatten. Ich wählte dann die ältere – hübschere – Schwester aus, was sich später als fataler Fehler herausgestellt hat, und es kam wie es kommen musste: zuerst ein paar Spaziergänge, dann irgendeine Tanzbar und dann in die leer stehende Maisonettewohnung unseres Hauses – immerhin gab's da ein Sofa. Der Rest ist Geschichte.

Zu meinem Leidwesen bewarb sich kurz danach meine neue Freundin als Au-pair-Mädchen nach Paris und ich war wieder alleine.

Doch da war ja noch die andere Schwester … Sie verweigerte sich verständlicherweise und bestrafte mich so mit Höllenqualen. Meine schulischen Leistungen sanken auf den absoluten Nullpunkt – es gab nur noch ein Ziel in meinem Leben: dieses Mädchen. Ich schlich um ihr Haus wie ein räudiger Hund, Anrufe wurden von ihrer Mutter abgewimmelt – ich war verzweifelt. Inzwischen wäre durchaus Ersatz vorhanden gewesen, es gab da schon ein paar hübsche Wesen, doch ich wollte unbedingt nur sie und dann möglichst anschließend gleich sterben. Erst nach unendlich langer Wartezeit – es waren Monate – gewährte sie mir Audienz und ich durfte sie leicht berühren, was in mir schon höchste Glücksgefühle und Dankbarkeit auslöste. Und so geschah eines Tages das Wunder … doch das war es dann auch, denn komischerweise hat uns beide dieses ewige Werben so erschöpft, dass wir fast gleichzeitig das Interesse aneinander verloren.

Die Zeiten hatten sich inzwischen geändert

Die recht muffigen 50er-Jahre waren längst Geschichte und man spürte auch in der Geschlechterbeziehung plötzlich eine gewisse Leichtigkeit. Auch die Musik bezog sich jetzt mehr und mehr auf *uns*. Es gab zwar immer noch Fred Bertelmann mit seinem *lachenden Zigeuner*, Willi Hagara, den singenden Briefträger mit *Mandolinen und Mondschein*, Margot Eskens und natürlich Conny und Peter, die so schön *o-o a-a* trällerten bzw. mit klarer Tenorstimme deutsch rockten. Die Zielgruppe für diese Sangesart war riesengroß und ist es bis heute geblieben – ich gehörte nie dazu.
Doch es gab – thanks God – noch den AFN. Man kann den Amerikanern viel vorwerfen, aber ihre Musik hat uns Nachkriegskinder

restlos entnazifiziert. Man hörte Bluesrhythmen wie von einem anderen Stern. Da gab es beileibe nicht nur den Elvis, sondern mir völlig unbekannte Rockgrößen, die mir Gänsehaut verursachten und natürlich die echten Ami-Schnulzen von Paul Anka bis Bobby Vinton, die ich auf das väterliche Tonbandgerät *downgeloadet* habe. Nicht zu vergessen die Welt des Jazz mit seinen herrlichen Facetten, die jetzt über den Teich schwappte und uns in unzähligen Kellerklubs die Tristesse des Alltags vergessen ließ.

Mit dieser *Vorbildung* war es auch dann kein Problem in die wunderbare Soul-Welt der 60er-Jahre einzutauchen, die seit der Twist-Zeit und den *Beatles* mit ihrem *Mersey Sound* ein neues Zeitalter einläutete, das mit Jimmy Hendrix seinen ersten, vielleicht auch absoluten Höhepunkt erreicht hatte. Eine Musik, die glücklicherweise unsere Eltern gar nicht mehr kapierten und die somit vollends aus dem Spiel waren.

Die Eltern waren auch noch da

Unsere Eltern waren ja noch am Ruder, hatten Fantastisches geleistet – man denke an den Wiederaufbau, die *Deutschland-AG* wurde gegründet mit dem viel zitierten Wirtschaftswunder und wir fuhren alle VW.

Die Vergangenheitsbewältigung wurde in den *Frankfurter Prozessen* öffentlich thematisiert. Die Fakten waren so irreal, dass selbst wir Jugendlichen zweifelten, ob tatsächlich Menschen aus unserer doch so zivilisierten Mitte diese Taten vollbracht hatten. Es wurde wieder von *Befehlsnotstand* gefaselt und wir verspürten etwas von einer Erbsünde, die man nicht mehr los wurde. Für die Elterngeneration, die nicht unmittelbar davon betroffen war, war das Thema ohnehin tabu.

So ging es in Deutschland eher lustig weiter, die Filme waren noch humoriger noch flacher oder auch heldenhafter. Natürlich gab es auch kritische Filme wie *Rosen für den Staatsanwalt, Die Brücke* oder die etwas skurrile Landserreihe *08/15*.

Politische Langeweile machte sich breit, denn unser Dr. Adenauer wollte ewig regieren, bis sein Wirtschaftsminister ihn eines Tages beerbte. Die Eltern waren mit der politischen Elite recht zufrieden, denn der *Russe* konnte ja jederzeit kommen ...

Das Überangebot an Lebensmittel tat sein Übriges

Es war *Feinkost* angesagt. Man verstand darunter gefärbten Kunstlachs mit Sardellen, *Russische Eier* und Unmengen an Fleischsalat. Wer kennt nicht den Hawaiitoast als Krönung jeder abendlichen Einladung.

Die Eltern wurden dadurch etwas kurzatmiger, obwohl sie ja noch nicht so alt waren – aber es schmeckte halt wieder. Der Fernseher fing auch an zu flimmern und man erlebte die *Meenzer Fasenacht*, Peter Frankenfeld und *Kuli* mit seinen Späßen – alles war wieder so furchtbar lustig und schön.

Einziges Problem vielleicht: die Kindererziehung stockte etwas. Wir waren versaut von der *Negermusik* und moralisch war die Welt ohnehin aus dem Lot geraten. Die Weltoffenheit fand hier doch schnell seine Grenzen. Auch der Gesetzgeber war ja noch beinhart mit seinen Moralmaßstäben – man denke an den Kuppelei-Paragrafen und ähnlichen Regelwerke.

So geschah es auch an meinen allerletzten Campingurlaub – diesmal in Frankreich: In der täglich wiederkehrenden Langeweile des Strandlebens am Atlantik stieß ich auf eine aufgeweckte hübsche

Französin, die offensichtlich auch an mir Gefallen gefunden hatte. Alles ging so schnell, war so unglaublich intensiv und endete letztlich in ihrem Zelt. Der Himmel auf Erden war da und das Leben einfach wunderbar. Doch was veranstalteten meine Eltern am nächsten Tag, nachdem sie meine Abwesenheit bemerkt hatten? Abbruch, Rückzug, nichts wie weg, Sodom und Gomorrha – bei offensichtlicher Gefahr meiner Rekrutierung durch die Fremdenlegion ... Nicht zu fassen, meine *besorgten* Eltern ... Übrigens kein Wort von dem französischen Mädchen – auch typisch für die Zeit, Probleme und Konfliktsituationen durch Ignoranz und *Wegschweigen* aus dem Weg zu gehen. Ich schlich nochmals zum Zelt meiner Geliebten – sie heulte ganz schrecklich und ich fühlte mich wie ein schlapper feiger Hund. Feige, weil ich nicht einfach abhaute und sogar noch brav und folgsam mit nach Lourdes fuhr, womöglich als Buße für mein *Vergehen.* Mir war klar: diese Erniedrigung muss Konsequenzen haben, zumal mein Herr Papa vorher noch locker vom Hocker von seinem *Frankreichaufenthalt* im Zweiten Weltkrieg schwärmte und die Frau Mama dies immer recht einsilbig kommentierte.

Diese Scheinmoral führte ich zu ihrem Höhepunkt, als ich das Jahr darauf meine Mitwirkung am Campingleben erfolgreich verweigerte und das Haus allein hüten durfte. Eine Chance also für grenzenlose Freiheiten, die ich auch mutig ergriff. Natürlich half mir hier der Zufall mit zahlreichen Sommer-Bekanntschaften. Auch hatte ich gute Freunde, die entsprechend in Nöten waren – ich erinnere an den Kuppelei-Paragrafen. So war unser Haus – eine alte Villa – bald recht beliebt in der Szene. Ich möblierte die Räume auch etwas um, z. B. wurden die Sofas *gerechter* verteilt. Ich gönnte mir das elterliche Schlafzimmer mit entsprechender Beschallung dank des väterlichen Tonbandgeräts, sowie einen großen Aschenbecher für die Zigarette *danach* (wir waren eigentlich ein Nichtraucherhaushalt ...).

Für das leibliche Wohl sorgte der gut gefüllte väterliche Weinkeller mit der exquisiten Sorte *Gottesacker* – offensichtlich ein Messwein seines Pfarrer-Kollegen.

Das Schicksal nahm seinen Lauf, als meine Eltern mit ihren Wohnwagen verfrüht zurückkehrten und meine damalige Freundin – eine hübsche PH-Studentin – mit einem Schnäpschen in der Hand, im Wohnzimmer antrafen.Die Reaktion war wirklich einzigartig: Bei meiner Mutter gingen Worte über ihre Lippen, die ich noch nie aus ihrem Mund vernommen hatte, dabei war das Wort *Puff* noch das harmloseste – sieh an, sieh an … Mein Vater war völlig überfordert und wünschte mich in seinem Schuldirektorat zu sprechen – offensichtlich sah er darin die einzige Chance, seine Autorität zurückzugewinnen. Meine Mutter verpasste mir noch eine Ohrfeige und ich musste unwillkürlich lachen. Für jede Art von *Verbrechen* hatte man wohl mehr Verständnis, als für diese sittlichen Verfehlungen. Es war ja in der Realität wirklich harmlos – jeder wollte nur mit seiner Liebsten herumknutschen und das möglichst ausgiebig … Zugegeben, das elterliche Schlafzimmer sah mit den halb leeren Weinflaschen, vollen Aschenbechern und sonstigen Beischlafrequisiten etwas gewöhnungsbedürftig aus, aber der Schaden war auch hier überschaubar.

Wochenlanges Schweigen signalisierte mir die Heuchelei der damaligen Zeit der Biedermänner und Biederfrauen. Die *Aufgeschlossenheit*, die man gegenüber Außenstehenden an den Tag legte, war stets gekünstelt und nicht real. Intakte Familie *Made in Germany* …

Ich jedenfalls war happy, denn es war ein Wendepunkt in meinem Leben und ich fühlte mich frei. Das Verhältnis zu meinen Eltern war ab diesem Zeitpunkt interessanterweise wesentlich entspannter – sie berieten mich weiter und ich machte, was ich wollte.

Die Emanzipation der Jugend

Wer sich erinnert weiß, dass es ab Mitte der 60er-Jahre einen Schub in der Emanzipation der Jugend gab. Wirtschaft, Politik und Technik wurden immer noch ausschließlich von der Kriegsgeneration bestimmt. Der Ost-West-Konflikt war die Klammer der politischen *Vernunft* und die Ordnungsmacht waren die USA. Doch von dort kamen auch andere Töne, die uns aufhören ließen. Die Lässigkeit in der amerikanischen Werbung haben wir uns bis dato alle reingezogen, man trank gerne mal einen Whiskey, da dieser offensichtlich ein Grundnahrungsmittel eines jeden Amerikaners war, und mit der richtigen Zigarettenmarke im Mundwinkel ritt man auf seinem Mustang durch die Prärie. Man war ein James Dean im Taschenformat – auch auf dem Moped und später in einem Uralt-VW Typ *Standard*.

Langsam näherte sich die Welt aber dem Scheitelpunkt der wirtschaftlichen und militärischen Exzesse. Das Leben mit wahnwitzigen amerikanischen Straßenkreuzern und ihren bizarren Heckdesigns, Swimmingpools, die so groß wie städtische Badeanstalten waren, einer Nuklearrüstung, die offensichtlich von Psychopathen betrieben wurde, war plötzlich nicht mehr so erstrebenswert. Die politische und militärische Übermacht der USA zeigte Risse. Der Vietnamkrieg zeichnete sich am Horizont bereits ab und die ersten Protestsänger füllten die Freilandstadien und Konzertsäle.

Make Love not War lautete eine Parole, die wir auch gerne befolgten. Die sexuelle Revolution wurde propagiert und wer kam? – Oswald Kolle … Zurückblickend war vieles nur ein Mythos, der da verbreitet wurde. Die Mädchen waren dadurch interessanterweise kaum weniger zurückhaltend, manche hoben sich ganz und gar für die Ehe auf – eine für manch begehrenden Jüngling absolut aussichtslose Situation. Und diejenigen, die mit *in die Kiste sprangen*, erwarteten auch möglichst ein stabiles Verhältnis, das am besten auch in einem Eheversprechen mündete. Den sogenannten *One-Night-Stand* gab es natürlich auch, aber das war dann schon eher ein echter *Glücksfall*.

Die Pop- und Rockmusik wurde härter, die Koteletten länger, die Mädchen trugen meist lange Haare und kurze Röcke – wir Jungs waren zufrieden. Viele von uns hatten schon einen ordentlichen Beruf mit einem für damalige Verhältnisse vernünftigen Einkommen. Da die Verhütung mit Pille noch nicht so richtig praktiziert wurde, kamen relativ bald die ersten Kinder der Nachkriegsgeneration – es wurde also schon wieder geheiratet. Ich war noch nicht so weit und versuchte mich daher im Studium von irgendwas Technisch-Naturwissenschaftlichem, um vielleicht später doch an Geld zukommen. Die Schlauen hatten sich damals schon in Soziologie, Philosophie und andere brotlose Studiengänge eingeschrieben, wohl wissend, dass man hier ewig studieren und den Eltern auf der Tasche liegen konnte. Wir *Techniker* waren da eher die akademischen *Prolls*, ohne echten humanistischen und politischen Hintergrund. Wir trugen es mit Fassung.

Der Vietnamkrieg entwickelte sich zur großen Tragödie und wir waren zum ersten Mal Zuschauer – eher eine Art Schiedsrichter. Es war ja nicht das erste Mal, dass es nach dem Zweiten Weltkrieg geknallt hat, die Kolonien machten bereits mit ihren Befreiungsbemühungen den herrschenden *Hausherren* großen Ärger: Indochina, Algerien und viele afrikanische Länder hatten einfach keine Lust mehr auf das *Master-&-Slave*-Spiel. Europa hatte verloren und versuchte das Gesicht zu wahren. Die USA glaubten im Ost-West-Konflikt schnell zu obsiegen, was sich später als fataler Fehler herausstellte. In Korea generierte man einen *Breitengrat* als *Eisernen Vorhang* und so zeigten die Amerikaner und die Russen stets der ganzen Welt, wo der Hammer hing.

62

Interessant in diesem Zusammenhang waren die Nahostkriege im Sinai. In Deutschland war Israel bekanntlich ein hochsensibles Thema, das man – wenn überhaupt – gerne ausschließlich den Politikern überließ. Verständlich, da ganz Deutschland noch unter einer Kollektivschuld litt – einige Massenmörder, die den Genozid an Juden betrieben, waren ja noch in Amt und Würden und keiner wusste so genau, wer noch alles daran beteiligt war. Es war eine Täter-Opfer-Beziehung, deren Rollenspiel für uns als *Täter* meines Erachtens einfacher war. Unsere politischen Größen beteten beinahe formelhaft das Bedauern und Entsetzen gegenüber den Israelis herunter, während im Lande selbst sich die Schuldgefühle in Grenzen hielten – man hatte ja immer noch *andere Sorgen*. Im Gegenzug waren die Juden in Israel nach außen ständig in ihre Opferrolle eingebunden, die außer stetigem Mitleid, einer äußerst bitteren Erinnerungskultur und den *gnädigen* Wiedergutmachungszahlungen eigentlich auch nicht viel hergab.

Mit dem Beginn des *7-Tage-Kriegs* änderte das sich schlagartig. In Deutschland kamen Respekt und Bewunderung für ein Land auf, das einen Blitzkrieg so ganz nach unserem Geschmack erfolgreich führen konnte. Die alten Landser vom Afrikakorps schnalzten mit der Zunge vor Begeisterung, als sie den siegreichen Vorstoß israelischer Panzer im Wüstensand sahen. Ein Mosche Dajan mit seiner Augenklappe war bei uns ein regelrechter Star. Man zog diskret die Raketenforscher aus Ägypten zurück und sang *Hava na gila hava*. Respekt war angesagt und ob Israel je den Sinai wieder zurückgeben sollte, war eigentlich kein Thema – wir hatten da alle irgendwie Verständnis …

Mit den USA lief es schon wesentlich differenzierter; der Vietnamkrieg war natürlich ein Krieg der Gerechten, wir hatten aber alle keine Ahnung warum. Wir sahen zum ersten Mal recht detailliert im öffentlich-rechtlichen Fernsehen einen Krieg, der eindeutig polarisiert hat. Man sah und bewunderte die lässigen Piloten, die wieder und wieder das Land mit Napalm und Sprengbomben beharkten, und wie kleine fiese gelbe Männchen in ihren dunklen Schlafanzügen aus Löchern krochen und unseren lockeren amerikanischen GIs hinterlistig ans Leder wollten. Die Botschaft unserer Fernsehanstalten war äußerst eindeutig, wer hier der Böse und wer der Gute war. Es war auch eine Art von Post-Rassismus, der seinesgleichen suchte, aber bei uns auf fruchtbaren Boden fiel. Ich war übrigens davon auch nicht gefeit, denn man präsentierte uns ein ganzes Volk wie *Untermenschen mit kommunistischem Hintergrund*.

Es war gerade diese Ambivalenz zwischen der aktuellen Hippiewelt, die uns marihuanageschwängerte Love-Exzesse vorgaukelte, mit Liedern, die natürlich ans Herz gingen – *If you're going to San Francisco*, oder *Purple Haze* als härtere Variante, und der realen Weltpolitik. Wir sahen eine neue Generation an Soldaten, die mit der Knarre in der Hand sich gegenseitig massakrierten und dabei auf Zivilisten keinerlei Rücksicht nahmen – jetzt waren es also *unsere* Jahrgänge, die ihre Unschuld verloren hatten. Es waren ja auch Wehrpflichtige, wie wir in Deutschland, die ihr Land in Asien *verteidigen* sollten und man verspürte plötzlich den Unmut innerhalb der Generationen. Während alte amerikanische Präsidenten und Generäle ihre jungen Soldaten verheizten, berichteten uns alte deutsche Fernsehreporter, wie sinnvoll dieser aufopferungsvolle Kampf gegen den Kommunismus doch sei.

Als die ersten amerikanischen Wehrpflichtigen ihren Einberufungsbefehl verbrannten und das Boxidol Muhammad Ali alias Cassius Clay seinen Wehrdienst verweigerte, mit der Bemerkung, zu ihm habe noch nie ein Vietcong *Nigger* gesagt, warum soll er ihn also erschießen?, wurde es sichtlich unruhig unter der Weltjugend. In Deutschland wurde ja niemand wegen des Vietnamkriegs zusätzlich einberufen und dennoch gab es zunehmend Aufruhr. Das sattsam bekannte Desaster mit dem Schah-Besuch, die Springer-Presse, Benno Ohnesorg und Rudi Dutschke elektrisierten die Studentenschaft schlagartig. Die hilflose Polizei tat ihr Übriges, um die Eskalation zu befeuern. Ich bin sicher, die meisten von uns wussten nicht, um was es eigentlich ging – ich persönlich hatte jedenfalls keine Ahnung. Klar – Hochschulreform, *Unter den Talaren Muff von 1000 Jahren ...* Aber um welche Reform ging es genau? Die Diskussionen in den Hochschulen unter den intellektuellen Wortführern waren teilweise desaströs, man berief sich auf Adorno, Marcuse und andere kluge Herren. Herr Marx war wieder gesellschaftsfähig und dies, obwohl der Prager Frühling gerade zusammenbrach. Hochschulen wurden bestreikt und das Studieren war stark eingeschränkt. Es war faszinierend, wie so eine Demo polarisieren konnte – ich hatte auch mal an einer teilgenommen: Es genügte vollkommen, wenn eine größere Studentengruppe sich zusammenrottete und die üblichen – vergleichsweise harmlosen – Parolen skandierte. Die Bereitschaftspolizei fackelte nicht lange und schon brannte das süßliche Tränengas in den Augen. Derart aufgeputscht, ging es dann richtig zur Sache, die natürlichen Hemmungen waren perdu, der Feind ausgemacht und Randale angesagt. Ich fühlte mich wieder in meine Kindheit zurückversetzt, wo man so gerne *Räuber und Gendarm.* spielte.

Die politische Veränderung war natürlich spürbar und es gab einen ausgemachten Generationenkonflikt. Die Professoren waren allesamt plötzlich so mild und verständig, die Hörsäle voll, man faselte von Revolution und lernte und studierte dafür umso weniger. Es gab ja Semesterstreiks ohne Ende, die Protagonisten schwärmten von Che Guevara, Ho Chi Minh sowie General Giap und skandierten: *Amis raus aus Vietnam.* Natürlich war man links, linker ging's nicht mehr – ausgerechnet wir Bürgerkinder, die aus behüteten Haushalten kamen, glaubten eine Revolution entfachen zu können, während parallel die Arbeiterschaft ihren harten Jobs nachgehen musste, um ihre Familien zu ernähren und das Bruttosozialprodukt abzusichern.

Unsere Eltern waren natürlich stark konsterniert und irgendwie spürten sie doch, dass es auch um ihre alte Welt ging, die wir einfach nicht mehr wollten. So blieb unser *Undank* als einziges Argument übrig, *wo man doch alles getan hat, damit es uns mal besser geht.*

Sie haben ja recht gehabt, es ging uns sogar viel besser – doch wir wollten einfach nicht mehr nur *dankbar* sein, es ging viel mehr um eine Art von Selbstbestimmung, die außerhalb der elterlichen Wertewelt lag. Die Diskussionen mit den Eltern endeten daher immer im Nirwana, was aber beide Teile nicht sonderlich belastete.

Die großen politischen Auseinandersetzungen gingen aber weiter und eskalierten in einer Form, die man später nicht mehr richtig begriff. Es machte ja Spaß zuzusehen, wenn die Unbeholfenheit der politischen Führung beinahe groteske Züge annahm und die sogenannte *Staatsräson* nicht mehr griff. Aber viele von uns erkannten auch, dass unser politisches System nicht viel mehr hergab und vor allem die große Mehrheit der Bevölkerung an grundsätzlichen Veränderungen absolut nicht interessiert war. Aber vielleicht war gerade die Studentenbewegung das Zünglein an der Waage, das die Gesellschaft gesamtheitlich so weit öffnete, um später einer linksliberalen Regierung zur Macht zu verhelfen.

Je länger man studierte,

desto lästiger wurden die Vorlesungsstreiks und Demos aller Art. Man merkte, dass jeder, der mit dem Studium anfing, auch noch ein bisschen *Götterdämmerung* verspüren wollte und so heizten die nachrückenden Studierenden die Stimmung immer wieder an – sie hatten auch wenig bis nichts zu verlieren. Es gab immer härtere Diskussionen, wie man ein geregeltes studentisches Miteinander koordinieren könnte, doch die einzelnen Fraktionen drifteten immer weiter auseinander. So war ich ehrlich froh, als ich endlich mein Abschlussexamen in der Hand hielt und mich davonschleichen konnte.

Der Geist aus der Flasche wirkte ja noch lange nach und die Feinbilder auf beiden Seiten wurden immer bizarrer. Die APO etablierte sich, doch die Rhetorik der Protagonisten war inzwischen dermaßen abstrakt, dass der Ursprung dieser Bewegung, die durchaus noch rationale Züge trug, für den Normalbürger beinahe ausschließlich von wirren formelhaften Floskeln überdeckt wurde und somit vollkommen unverständlich war. Vielleicht war ich auch nur zu einfach gestrickt, um zu verstehen …

Die schleichende Radikalisierung der Bewegung und die Chaoten, die immer mehr Oberwasser hatten, beschleunigten das Abdriften in eine rein kriminelle Veranstaltung. Die *Bader-Meinhof-Gruppe*, die ja anfänglich auch mit simplen Provokationen, über die man klammheimlich noch grinsen konnte, begann, endete in dumpfem Killerwahn. Das Gefährliche war die Irrationalität, die der *RAF* innewohnte.

Meine persönliche, subjektive Ansicht zu diesem ganzen Komplex ist ziemlich eindeutig: Natürlich war es ein Jugendaufstand gegen eine verkrustete etablierte Gesellschaft, ein Aufstand auch gegen unsere Eltern mit ihren starren Grundsätzen und ihrer verdrängten Vergangenheit. Die Weltanschauung hat sich dadurch ein Stück weit zum Positiven gewandt. Interessanterweise hatte jedes Land *seine* spezifische *Vergangenheitsbewältigung* – die USA mit ihrer Rassentrennung – ich erinnere an die *Black-Panther-Bewegung*, die ja richtig *Stress* machte – und auch die französische Studentenschaft verspürte den Reformbedarf an Haupt und Gliedern und kämpfte äußerst hart für eine innere Erneuerung. Die Studentenbewegungen befruchteten sich natürlich auch gegenseitig, sodass sich schon eine Art revolutionärer Grundstimmung entwickelte, obwohl – was spätere Reformen anbelangt – der Erfolg dann doch eher mäßig war. Und dann gab es ja noch die *Kommune 1*, die normalerweise kein Schwein interessiert hätte, wenn da nicht die hübsche Uschi Obermaier ihre Traumfigur in Position gebracht hätte. Eine wirklich interessante Frau, die sich auch heute noch sehen lassen kann.

Viele der damaligen Wortführer machten ja später richtig Karriere, auch wenn ein Rudi Dutschke sehr früh ein äußerst trauriges Ende fand. Es gab da ja noch den Cohn-Bendith oder Joschka Fischer, der sich quasi selbst immatrikuliert hat, um auch für eine bessere Welt mitkämpfen zu dürfen. Viele schwangen große Reden, benutzten bedeutungsvolle Worte, doch die Karawane zog einfach weiter und es wurde einsamer um diesen Personenkreis.

Der weitaus größte Teil der Studenten hatte weiterhin nur ein Ziel: so schnell und erfolgreich wie möglich das *scheiß Studium* durchzuziehen und Karriere zu machen. Wer etwas anderes behauptet, hat in dieser Zeit nicht studiert. Jeder wollte doch weg von dieser Abhängigkeit der Eltern, keiner wollte bis ans Ende alle Tage alimentiert werden; wir wollten unsere eigene Kohle verdienen und vom Wohlstand partizipieren – natürlich zukünftig ausschließlich mit linken *aufgeklärten* Parolen …

Dass manche aus meiner Generation, die zufällig damals studiert haben, immer noch mit beinahe verklärten Zügen von dieser Zeit schwärmen, kann ich nur damit erklären, dass sie seinerzeit doch eine neue von Art von Freiheit verspürten und offensichtlich auch viele nette Beziehungen hatten – *Wer zweimal mit derselben pennt* … Na ja, war ja auch ganz lustig …

Es gab signifikante Unterschiede zur heutigen Zeit

Die verlogenen Parolen von einer sogenannten *Leistungsgesellschaft* waren noch nicht so etabliert – unter *Leistung* verstand man vorwiegend, wenn man sein *Ziel* erreicht hatte, und das war in der Regel ein ganz normaler Schul- bzw. Studienabschluss. – Egal wie und vor allem egal wo! Jede Hochschule war gleichermaßen anerkannt, die Noten waren erst mal zweitrangig, sonst hätte mancher vielleicht heute noch keinen Job. Und hier beginnt die Scheinheiligkeit unserer neuen modernen Welt: Ich schrieb ja, die Skalierung unserer Notengebung hat sich verschoben, denn ich glaube kaum, dass die Evolution es innerhalb nur einer Generation schaffte, aus uns normal begabten Bundesbürgern plötzlich derartige Genies herauszudestillieren. Auch glaube ich nicht, dass unser Schulsystem inzwischen so fantastisch ist, dass der *Nürnberger Trichter* Realität wurde – ich durfte ja selbst auch die Entwicklung meines eigenen Nachwuchses beobachten.

Fakt ist, wir schöpfen natürlich viel besser die intellektuellen Potenziale unserer Kinder, vermitteln ihnen eine äußerst breit gefächerte Ausbildung, in der Hoffnung, dass es ihnen die Wirtschaft dankt und sie mit sicheren und gut bezahlten Arbeitsplätzen belohnt. Doch genau da fängt es an auszuhaken: Die Notengebung ist keine allgemeingültige Vereinbarung mehr, sondern dient dem ausschließlichen Ziel, ein bestimmtes Berufsprofil zu bedienen, das die unter Umständen größte soziale Absicherung bietet und natürlich ein möglichst attraktives Einkommen verspricht. Die so beliebten Medizinstudienplätze mit 1.0-Voraussetzung konterkarieren diese pervertierten Verhältnisse perfekt. Natürlich kann und braucht nicht *jeder* Medizin zu studieren, bloß weil so furchtbar schöne Fernsehserien dies unentwegt propagieren. Man sieht es aber schon allenthalben an Fernsehhumoristen, Schauspielern und sogar einer Ver-

teidigungsministerin, dass sie wohl anfänglich eine falsche Berufs-
wahl getroffen und sich dann bereits als kleine Assistenzärzte aus
dem Staub gemacht haben. Der Doktortitel allein wird es wohl hof-
fentlich nicht gewesen sein …

Was hindern also die Kultusministerien bzw. die Hochschulen daran,
mit strengen und spezifisch selektierenden Eignungsprüfungen die
Spreu vom Weizen zu trennen und genau jene Typen herauszufiltern
und einzugrenzen die für diesen Job besonders geeignet sind. Ähnliches gilt für Zahnärzte, die ihr Leben lang schleifen und bohren
müssen. Da benötigt man doch primär eine außergewöhnliche
Feinmotorik, ein gutes Auge und eine ruhige Hand. Das Abi bestätigt doch schon mal, dass der Kandidat wohl nicht ganz blöd sein
kann. Wenn heutzutage ausschließlich die Einser-Jungs und Einser-
Mädels so geeignet sind, sollten sie auch hier nachweisen, ob sie
derartige Hürden so perfekt bewältigen. Die derzeit gängigen Aufnahmeprüfungen für Medizin besteht heute jedoch fast jeder, wenn
er sich entsprechend präpariert. Das Einklage-Verfahren, das offensichtlich jetzt abgeschafft wurde, erzeugt überdies noch eine soziale
Schieflage, da sich die etwas betuchteren Studenten mithilfe des
elterlichen Geldbeutels in ein Studium hineinmogeln konnten, das
ihrem vermeintlichen Status besser entspricht. Da lobe ich mir doch
die alten Zeiten, wo man mit entsprechender Neigung und einem
normalen Zweier-Durchschnitt jederzeit ein Medizinstudium beginnen konnte.

Doch ich bin weder Kultusminister noch Hochschuldekan, sondern
nur ein Beobachter dieser irritierenden Szenerie.

Aller Anfang ist schwer

Meine Welt war plötzlich die Industrie, die Fabrik. Ich brauchte Geld, denn früh getraut zu sein zieht meist etwas nach sich, das versorgt werden muss.

Ich begab mich aus der Welt der Transzendenz, der Revolution, der Demonstration und der freien Meinungsäußerungen in die Welt der Produktion und Wertschöpfung. Ich dachte immer, nur als kleiner Student sei man eine Nullnummer – blöd, aufsässig, mittellos, namenlos, hoffnungslos ... Doch es geht noch viel schlimmer: Ein *echter* Nobody ist der *Herr* Berufsanfänger – ja, man spricht sich jetzt unentwegt mit *Herr* an, was die Angelegenheit nicht sonderlich erleichtert. Man hat das Gefühl, *Herr* ist gleichbedeutend mit *doof*, denn man ist völlig geplättet und absolut ahnungslos.

Wer zum ersten Mal eine große Fabrik betritt weiß, von was ich spreche. Die neuen Kollegen wissen natürlich genau, wie es um einen bestellt ist und genießen in vollen Zügen den Auftritt als Volltrottel. Von wegen akademischer Würdenträger, man war Sachbearbeiter in einer unterirdischen Kategorie. Mein erster und zugleich schrecklichster Fehler war, dass ich bereits am zweiten Arbeitstag ein paar Minuten zu spät kam, weil ich den Irrsinn der täglichen Rushhour noch nicht abschätzen konnte. Der erste Hinweis zur Pünktlichkeit von meinem Gruppenleiter war fällig und ich wünschte mich sofort auf eine einsame Insel – ja, bereits am zweiten Arbeitstag ...

Die Büros Anfang der 70er-Jahre waren ohnehin selten modern und so bekam selbstverständlich der Neuling das, was er verdiente – den schlechtesten Schreibtisch und den miesesten Stuhl, der dann auch noch quietschte und wackelte. Man wurde durch verschiedene Abteilungen geschleift, wo man außer neugieriger Blicke nicht viel mitbekam, und erhielt zum Schluss eine Audienz beim *Chef.* Dieser stellte ein paar harmlose Fragen, musterte mich etwas und fing dann an, von seinem eigenen Leben zu erzählen – und ich saß da und merkte plötzlich, dass sich in meinem Leben rein gar nichts verändert hatte. Da saß vor mir ein – durchaus netter – Typ, der mein Vater hätte sein können, sich auch genau so ausdrückte und mir recht jovial signalisierte, wer hier der Herr und wer der Diener war. So schnell ging das also mit einer Hierarchie. Und zwischen diesem obersten *Herrn* und mir gab es ja noch weitere Herren, die ich *bedienen* musste – beim Gedanken daran spürte ich plötzlich, wie ich leicht zu transpirieren begann …

In dieser Zeit wurde kräftig eingestellt, sodass es auch noch weitere Nobodys gab, die verunsichert die Gänge entlang irrten. Es herrschte daher eine Art Wettbewerbssituation zwischen *Dumm* und *Dämlich* und der kleinste Wissensvorsprung wurde genutzt, um den Herrn Gruppenleiter gnädig zu stimmen.

So war das also mit dem *sicheren* Arbeitsplatz – kriechen, heucheln und immer nett und freundlich sein. Das einzige Attribut der neueren Zeit war die etwas lockerere Kleiderordnung. Während die älteren Marschierer noch ihre schrecklich gemusterten Krawatten zur Schau stellten, liefen wir Neulinge in Pulli und Polohemd herum – toll … Lichtblicke waren, wenn man so will, einzig und allein die Sekretärinnen, die uns oft und gerne im aufreizenden Miniröckchen den Kopf verdrehten. Doch die meisten von uns hatten ja schon *Verpflichtungen* …

Draußen tobten immer noch Studentenproteste, die jetzt immer mehr eskalierten und polarisierten. Die Zielrichtung war neben der Springerpresse, der immer desaströser werdende Vietnamkrieg. Ich wurde politisch zunehmend gleichgültiger, denn was war der Vietnamkrieg im Vergleich zu meinem scheiß Job …

Das erste Gehalt erzeugte zwar ein kleines Strohfeuer in meiner depressiven Grundstimmung, jedoch reichte dies bei Weitem nicht aus, um eine innere Befriedigung oder irgendein Erfolgserlebnis zu verspüren.

Wer hat schon mal in der Großstadt eine Wohnung gesucht?

Ich noch nie … Mein Weg zur firmeninternen Wohnungsvermittlung war daher vorgezeichnet und meine totale Erniedrigung damit auch. Die wahre Macht und Herrlichkeit eines kleinen Sachbearbeiters zeichnet sich dadurch aus, dass er etwas zu prüfen, zu genehmigen oder zu verteilen hat. Diese Macht ist unter Umständen größer als die eines jeden Direktors. Der Antrag für eine Wohnung ist so ein Ereignis. Die Kunst des zuständigen Sachbearbeiters besteht darin, einen Antragsteller völlig zu ignorieren. Man fühlt sich dann so transparent wie eine Fensterscheibe, winzig wie eine Laus und lästig wie eine Fliege. Wenn der Blutdruck eigentlich den Notarzt erforderlich macht, das Gesicht zu einer devot-freundlichen Fratze erstarrt und man sich so hässlich fühlt, dass man nur noch im Dunkeln aufs Klo gehen will, wird man von einer roboterartigen Stimme plötzlich angesprochen, was man denn wolle – im Büro für Wohnungsvermittlung … Ich antwortete wahrheitsgemäß: »Eine Wohnung.« Man spürte das blanke Entsetzen des Sachbearbeiters ob meiner unverschämten Antwort. Ohne mich nochmals anzublicken, verwies er auf einen Stapel mit Antragsformularen.

Sollte man den Mut besitzen, das Antragsformular auch auszufüllen, beginnt das nächste Desaster: Man gibt den in bester Druckschrift ausgefüllten Antrag am darauffolgenden Tag mit hoffnungsfroher Miene ab und erlebt die größte Erniedrigung seines Lebens: *fehlerhafter Antrag*. Der Kerl sieht aus fünf Meter Entfernung schon, in welcher Zeile der Eintrag fehlerhaft ist (vermutlich ist dies bei 95 Prozent der Antragsteller der Fall) und *empfiehlt* mir, den Antrag doch nochmals *gut durchzulesen* und ihn am nächsten Tag richtig ausgefüllt wieder abzugeben. Man *bedankt* sich für den konstruktiven Tipp und befasst sich intensiv mit Selbstmordgedanken ... Übertrieben? – Ganz sicher nicht!

Derartige Beispiele in großen Organisationen waren und sind keineswegs atypisch, sondern systembedingt. Verwaltungen – speziell Dienstleistungen – unterlagen immer einem gewissen Ermessensspielraum, der ausgenutzt wurde. Man kann darüber philosophieren, wie es hätte besser laufen sollen, man kann damit aber auch die Welt erklären.

Hätte *ich* z. B. anstelle des Typs diesen Job gehabt, wäre es vielleicht noch härter zugegangen – das einzige Erfolgserlebnis *ist* ja das entspannte Vergnügen, einen Mitmenschen in einer äußerst schwachen Position zu erleben und entsprechend zu manipulieren. In meinem Fall als Wohnungsvermittler hätte ich mindestens 10 Vaterunser und 20 Liegestütz pro Antrag verlangt ...

Ich habe im Übrigen von dem Sachbearbeiter eine passende Wohnung vermittelt bekommen, und zwar relativ schnell ...

Hierzu noch weitere Einlassungen: Wäre in diesem Fall eine freundliche, zugängliche Person mit diesem Job betraut, würde man aufmunternd begrüßt werden und es würde einem selbstverständlich beim Ausfüllen des Antrags geholfen, um typische Fehler zu vermeiden. Man könnte den Bogen gleich abgeben und das Büro frohgemut wieder verlassen. Was passiert darauf? Man erhält dennoch keine Wohnung, weil ein anderer, genau so bedürftiger Mensch, allerdings mit etwas besseren Argumenten ausgestattet, die Wahl für sich entscheidet.

Der erstgenannte Fall beschreibt somit das erste allgemeingültige Gesetz aller Entscheidungsprozesse: *Jede Entscheidung wird rein subjektiv gefällt!*

In diesem, meinen äußerst einfachen Fall, kann es durchaus sein, dass der Herr Sachbearbeiter über jahrelange Erfahrung verfügte und seine Pappenheimer kannte, vielleicht war er auch korrupt und hätte gerne eine Flasche *Eckes Edelkirsch* als Entscheidungshilfe gesehen – meines Erachtens eher unwahrscheinlich, er wäre schon längst Alkoholiker gewesen. Die Wahrheit ist, der Bursche hatte einen scheiß Job, der keinerlei Weiterentwicklung zuließ und in einer relativ niedrigen Gehaltsstufe angesiedelt war – der Frust war daher legitim.

Der Lernprozess, der sich für einen Berufsanfänger daraus ergibt, ist simpel: Es sind Tausende von Menschen, die in so einem komplexen Getriebe zusammenarbeiten und funktionieren müssen und es gibt keine höhere Gerechtigkeit, die diesen Prozess im Sinne von Gleichheit und Fairness ständig überwacht. Wer also diese unterschiedlichsten Charaktere, die ja in erster Näherung sich ausschließlich zum Geldverdienen freiwillig so zusammenpferchen lassen, nicht versteht und akzeptieren will, sollte schnellstens das Pflaster verlassen, bevor der Psychiater sein Burn-out-Syndrom behandeln muss.

Bleiben wir noch etwas auf dem Weg der *Gerechtigkeit*: Wir *objektivieren* die Wohnungsbeschaffung zu 100 Prozent. Ein extrem einfacher Prozess: Man steckt sämtliche Anträge in eine Datenbank und gestaltet den Selektionsprozess nach allen zur Verfügung stehenden Kriterien, z. B. Wartezeit, Einkommen, Familienstand, Firmenzugehörigkeit, unter Umständen noch ein paar kleine *Schweinereien* wie Krankenstand, In- oder Ausländer, Leistungsbeurteilung und, und, und. Was käme heraus? Ganz einfach: Sie sind neu und wollen eine Wohnung? Computer sagt *Nein*.. Sie haben bereits eine Wohnung und wollen eventuell etwas Besseres, Ihre Daten korrelieren gut mit den eingegebenen Parametern – klappt fast auf Anhieb. Sie schauen die Wohnung an und finden diese aber genauso schlecht wie ihre eigene und schieben daher spaßeshalber gleich in ihrem Intranet einen neuen Antrag nach. So entstehen Endlosschleifen, die Daten verhundertfachen sich, der Output ist mäßig und von Gerechtigkeit keine Spur.

Ein nicht besonders gutes Beispiel zwar, aber es beschreibt ein grundsätzliches Problem in unserer heutigen Gesellschaft: den *Entscheidungsprozess* bzw. die *Entscheidungsfindung.*

Um zu Entscheidungen bzw. Beschlüssen zu kommen,

bezieht man sich gerne auf die sogenannte *Faktenlage* – dahinter verstecken sich gerne auch die Politiker. Die *normative Kraft des Faktischen* ist daher in unserer heutigen Zeit allgegenwärtig und führt gerne zu dem seltsamen Begriff *alternativlos. Alternativlos* ist aber die kleine Schwester von *hilflos* und tötet somit jegliche Kreativität sofort und final ab. Im realen Leben ist jedoch definitiv nichts, aber auch rein gar nichts alternativlos! Lediglich das Ableben von uns irdischen Wesen ist alternativlos – aber auch nur für den kurzen Moment des Abgangs von der Weltbühne. Kurz danach geht es ja dann bekanntlich wieder weiter mit Alternativen: der Christenmensch z. B. kann schon mal wählen zwischen dem Lotterleben in der Hölle oder den seriöseren Gepflogenheiten im Himmel, gerne begleitet von Hosianna singenden Engeln. Der strenge Moslem, dem auf Erden die Andersgläubigen ein Gräuel sind, läuft schon gerne mal mit seiner TNT-wattierten Oberbekleidung herum, in der

Gewissheit, dass auf ihn 72 allzeit bereite Damen warten. Sollte er aber sexuell anders orientiert und sein Interesse an den Damen entsprechend mäßig ausgeprägt, kann er wiederum jenen Imam, der ihn so gut auf das Jenseits vorbereitet hat, auf direktem Wege mit in das Paradies nehmen, damit der ihm hilfreich zur Seite steht – auch hier gibt es also immer hervorragende Alternativen. Auch bei den Buddhisten mit ihrer Reinkarnation gibt es jede Menge Alternativen, so man kann als Mücke wie auch als Elefant, Bettler oder – noch besser – als Maharadscha wieder das Licht der Welt erblicken.

Für die Wirtschaft und Industrie wäre der Begriff *alternativlos* allerdings absolut tödlich. Je härter die Zeiten, desto wichtiger sind Optionen – sei es im Rahmen einer technischen, kaufmännischen oder strategischen Entscheidungsfindung. Das kann unter Umständen ein verdammt hartes Brot sein, gerade wenn es den Firmen dreckig geht. Doch im unruhigen Fahrwasser zeigt sich erst die Qualität der Führungsriege. Ich hatte mal einen exzellenten Chef und der sagte einen recht klugen Satz: *Wenn alle Entscheidungsvorlagen so wasserdicht und schlüssig wären, dass man keinerlei Risiko eingehen müsste, ja wenn – dann könnte man ja gleich eine Putzfrau entscheiden lassen.* Und das ist genau der Knackpunkt: die Angst vor dem Risiko – speziell in unserer verbeamteten Politik – ist ein Dauerbrenner …
Ja und wie soll denn dann entschieden werden? Jedenfalls nicht mit nichtssagenden Tools. Eine gerne genutzte Entscheidungshilfe ist die sogenannte *Entscheidungsmatrix* – etwas ganz Übles – gibt gar nichts her, meidet aber jedes Risiko, da diese Methodik ja eine virtuelle Mehrheitsentscheidung generiert. So ein Beschluss ist immer wasserdich*t*, zumal sich dazu so wunderbare Hilfsmittel wie *Brainstorming* gesellen: Man sitzt meist mit völlig leerem Hirn da, während ein Wichtigtuer moderiert. Und weil alle pennen, mogelt dieser

Schlauberger den anderen seine eigenen Vorstellungen unter, ohne dass die Schlafmützen dies mitbekommen. Eine sehr gute Methode, wenn man selbst der Moderator und von seiner Idee überzeugt ist. Ich habe davon auch des Öfteren Gebrauch gemacht – diese Manipulation ist aber eher was für Profis ...

Beschlüsse bzw. Entscheidungen können daher nur getroffen werden, wenn wirklich kompetente Fachleute fundierte Vorschläge machen und der Chef den entsprechenden Sachverstand besitzt und auch die *Eier* hat, sich final festzulegen.

Fazit: traue grundsätzlich nur deinem eigenen gesunden Menschenverstand – der funktioniert viel besser, als du denkst! Beziehe Beschlüsse daher testweise immer auf dich und dein persönliches Umfeld und frage dich dann: *Würde ich tatsächlich auch so handeln, oder ist hier doch etwas oberfaul?*

Natürlich sind wir alle Opportunisten, brauchen unsere Kohle und wissen, dass man nur unter größten Anstrengungen gegen den Strom schwimmen kann. Von möglichen Karriereverlusten ganz zu schweigen. Doch darum geht es gar nicht, es geht um die schleimigen Ja-Sager, die – wohl wissend, dass das Unterfangen voll in die Hose gehen kann – die Genialität der fragwürdigen Chef-Entscheidung *bewundern*. Wenn es dann nicht klappt, war einfach nur die Umsetzung schlecht. Schlau sind auch die sogenannten *Bedenkenträger*: sie warnen im Voraus, weisen auf unendlich viele Risiken hin, verhindern gerne dadurch Beschlüsse, vor allem bei unsicheren Vorgesetzten. Der Vorteil für diesen Typ Mitarbeiter: wenn es denn schief geht – *Ich habe es ja gleich gewusst* – sind diese Typen immer aus dem Obligo, außer sie haben einen Boss, der sie durchschaut.

Beste Methode: Sein eigenes Ding machen – nur das Ergebnis zählt. Man braucht sich gar nicht so verbiegen, die Vorturner sind in der Regel heilfroh wenn was raus kommt, sie haben doch auch die Hosen gestrichen voll und sogar die nächste Berichtsebene kackt genauso ab, falls es nicht klappen sollte, mit dem gewünschten Ergebnis.

Meist lernt man diese Zusammenhänge viel zu spät, denn am Anfang heißt es ja immer *Arschbacken zusammen, Maul halten und das Nachdenken auf später verschieben …*

Ich wär so gerne Gruppenleiter

Ein Traumziel für alle Berufsanfänger ist es Leiter zu werden, doch wie soll das gehen, wenn es Dutzende von Sachbearbeitern gibt, deren Anwartschaft allein wegen der Anzahl von Dienstjahren um Lichtjahre vor der eigenen liegt? Man resigniert so relativ schnell und wendet sich wieder mehr den privaten Interessen zu – das funktionierte in den 70er-Jahren noch bestens.

So stand bei mir ein *vernünftiges* Auto auf der Agenda, eine Wohnung hatte ich ja schon von dem freundlichen Sachbearbeiter vermittelt bekommen – fehlte nur die Wohnungseinrichtung im schrillen 70er-Stil (weiße Schleiflackmöbel und Tapeten mit möglichst großen Mustern, eine Einbauküche und ein Kinderzimmer, bereits mit Inhalt). Nach außen wirkte schon alles recht stimmig und vor allem die lieben Eltern frohlockten: *Ich habs doch immer gesagt, aus dem Jungen wird noch was …*

Das Schlimmste daran ist, dass man dieses Spiel mitspielt und so nach außen eine gewisse Wichtigkeit signalisiert, obwohl man ja in der Organisation noch eine winzig kleine Nummer ist. Man spürt, dass man aus dieser Rolle definitiv nicht mehr herauskommt und spielt gekonnt jene Spießer-Rolle, die man noch vor Kurzem maßlos verachtet hat. So macht sich eine gewisse Resignation breit, wenn man tagein tagaus wieder und wieder mit seinem Aktentäschchen den Moloch betritt, seinen Werksausweis dem mürrischen Werkschützer vorzeigen muss, um dann endlich am Schreibtisch auf dem wackeligen Stuhl niedersinken zu dürfen. Man begrüßt noch schnell alle Kollegen, die es sich – wie immer – schon vor einem im Büro gemütlich gemacht haben und fängt an, in seinen Unterlagen wichtig und bedeutungsvoll herumzukramen. Ein Blick auf die Uhr sagt einem: der Tag wird lang …

Dieses ohnmächtige Gefühl, gerade am Anfang der Berufslaufbahn, ist eigentlich niederschmetternd. Man sieht diese vielen Jahre vor sich und weiß, die beste Zeit seines Lebens verbringt man nun in der Firma – fremdbestimmt, sich ständig verbiegend, immer auf seine Chancen lauernd. Einziger Lichtblick dabei: die eigene Familie, die ja auch in Abhängigkeit geraten ist und somit bangend und hoffend den *Traumjob* begleitet und verfolgt.

Woher bekommt man seine Kenntnisse?

In großen Firmen sind bekanntlich grundsätzlich Erfahrung bzw. Spezialwissen gefragt. Übrigens eine spezifisch deutsche Methode diese Kenntnisse zu generieren, ist die *Vermittlung* bzw. Weitergabe dieses Wissens: Während in der US-Industrie Standards und Spezialkenntnisse gerne im Rahmen von technischen oder wissenschaftlichen Abhandlungen bzw. Vorschriften oder mithilfe eines sogenannte *Book of Knowledge* weitergegeben werden, erfolgt in Deutschland die Wissensvermittlung vorwiegend direkt über den fachlich qualifizierteren bzw. erfahrenen Kollegen. Natürlich werden jede Menge zusätzliche Schulungen und Seminare veranstaltet, aber das grundsätzliche Know-how, das in der Firma steckt, kommt vorwiegend durch den direkten kollegialen Wissensaustausch. Damit ist sichergestellt, dass auch die Qualität eines Produkts und die Philosophie des Unternehmens weitergereicht werden und der *Spirit* somit erhalten bleibt. Auch das *Book of Knowledge* existiert natürlich im Rahmen von Dokumentationen in den Firmen. Problem: es ist eigentlich immer leicht veraltet bzw. überholt, da es mit dem Fortschritt der Prozesse und Entwicklung selten oder nie schritthalten kann. Man dokumentiert sich unter Umständen schnell zu Tode damit, ohne einen echten Fortschritt zu erzielen.

Natürlich versuchen gerade die Global Player mit ihren weltweiten Produktionsstätten, durch konsequente Standards eine standortunabhängige Qualität zu erzeugen. Das funktioniert aber nur richtig gut bei einem sehr hohen Automatisierungsgrad sowie qualifizierten Mitarbeitern, die meist vom Stammpersonal gecoacht werden. Dennoch ist Vermeidung des menschlichen Einflusses auf die Produktqualität nun mal Ziel eines jeden Unternehmens. Und dies wird unsere Arbeitswelt nachhaltig verändern! Dazu später noch mehr.

So hat man sich im Laufe der Zeit Wissen angeeignet, das zweckdienlich angewandt bzw. eingesetzt werden kann. Das meiste hat mit den Grundkenntnissen aus der Studienzeit zwar nichts zu tun, aber gewisse *Basics* helfen dann doch. Für Ihren Chef funktionieren Sie unter Umständen jetzt ganz gut und so denkt er auch nicht im Traum daran, Sie aus Ihrer operativen Tätigkeit im Sinne einer Weiterentwicklung zu befördern. Man wartet also weiter …

Wenn man zum Fenster hinausschaut,

hat sich gar nicht so viel bewegt. Willy wurde durch Helmut abgelöst. Politisch macht sich bei mir eine totale Orientierungslosigkeit breit, dennoch wähle ich weiter die Sozis.

Der Freundeskreis rekrutiert sich jetzt vornehmlich aus Familien, die auch Kinder ihr eigen nennen und ähnliche Erziehungsprobleme haben. Zur Erinnerung: Es war die Zeit der sogenannten *Kinderläden* mit antiautoritär erzogenen Kindern – ich enthalte mich einer Meinungsäußerung …

Klar war jedoch: wir alle hatten Wunderkinder, manche Familien anscheinend eher wunderliche Kinder. Es gab demzufolge nur noch ein Thema: Wie gut entwickeln sich unsere kleinen Genies, obwohl ja manches Kind von Anfang an eher ein *verkanntes Genie* war. Ich dachte unwillkürlich an meine eigenen *genialen* Schulnoten … Einziger Lichtblick bei derartigen Themenabenden im Bekanntenkreis: Manche junge Mutti war recht attraktiv und regte die Fantasie an. So diskutierten wir über unsere Erziehungsprobleme und dachten an was ganz anderes – man musste ja nicht mehr zur Beichte …

Insgesamt ging es in den 70er-Jahren doch recht locker zu. Es herrschte kein besonderer Existenzkampf, man war fest angestellt und das Thema *Leiharbeit* lag noch in weiter Ferne. Die *RAF* bäumte sich mit brutalen Attentaten nochmals auf, doch jeder verachtete sie ob dieser sinnlosen Morde abgrundtief.

Musikmäßig zog man sich das Gedudel des Disco-Sounds rein – *Motown* lässt grüßen, andere Mädels aus dem hohen Norden schwärmten wiederum von einem *knallroten Gummiboot* und hatten damit offensichtlich auch Erfolg.. Man selbst war in den 30ern und somit in einer Altersstufe, die zwar noch zu den Jungen zählt, aber doch nicht mehr ein völlig unbeschwertes Leben zulässt – die Familie war Mittelpunkt des Denkens und Handelns und das war gut so.

Natürlich liefen wir alle mit Schlaghosen und engen Pullis herum, wir hatten ja noch keine richtige *Plauze* und das unterschied uns wiederum von den Alten, die unsere Mode daher auch nicht so mochten. Auch die Haare trug man noch etwas länger, sofern der nachlassende Haarwuchs dies noch zugelassen hat. Es gab aber auch Experten, die – trotz sich abzeichnender Platte – am Hinterkopf eine Matte wachsen ließen – waren eigentlich richtig coole Jungs.

Auch innerhalb der Firma hat man sich arrangiert

Sogar der Schreibtisch inklusive Stuhl wurde erneuert und man fand endlich ein *passendes* Aufgabengebiet für mich. Ich tat so, als ob mich dies wahnsinnig interessierte, wohl wissend, dass der neue Job räumlich weiter entfernt von meinem Vorgesetzten lag und dieser mich somit nicht mehr ständig kontrollieren konnte.

Vorgesetzte konnte ich eigentlich nie so richtig leiden – egal, ob sie einigermaßen nett oder kleine Ratten waren. Die Abhängigkeit und der direkte Zugriff auf meine Person und mein Handeln und letztlich Einkommen, lösten bei mir immer spontane Allergien aus. Aber ich war ein guter Schauspieler …

Mit der größeren Entfernung von meinem Vorgesetzten machte die Arbeit deutlich mehr Spaß und ich fand Kollegen, die ähnlich tickten und nicht alles so bierernst nahmen. Es gab in dieser Zeit erstaunliche Freiräume, trotz der abartigen Hierarchie-Abstufung. So zogen wir uns z. B. hier und da nach dem Kantinenessen zur reinen Entspannung gerne mal einen Pornofilm rein. Das muss man sich mal vorstellen: Da stellte jemand seinen Super-8-Projektor auf und die Kollegen inklusive einiger Führungskräfte mit ihren Sekretärinnen schauten sich ein paar nette Schweinereien an. Gerne entrichtet man im Anschluss an die Vorführung einen kleinen Obolus für die Unkosten, um wieder neues Material beschaffen zu können. Man ging im Anschluss wieder entspannt an die Arbeit und dachte mit Freude schon an Zuhause … Natürlich war dies nicht der normale

Arbeitsalltag, aber es kam in dieser Zeit halt mal vor, ohne deswegen viel Aufhebens zu machen.

Denkt man an die heutige Compliance-Welt mit all ihren verlogenen Kriterien, die vor allem die letzten Freiräume der normalen Mitarbeiter einschränken, so kann man sich heute derartige Späßchen definitiv nicht mehr vorstellen. Die Entrüstung wäre so groß, dass sofortige Konsequenzen die Folge wären: fristlose Entlassung der Akteure und Abmahnungen – sprich Eintrag in die Personalakte.

Der total angepasste Mitarbeiter, der sogar angehalten wird zu denunzieren, wenn er denn etwas Auffälliges entdeckt, ist der Leidtragende der neuen Welt. Es geht schon lange nicht mehr um Bestechlichkeit – die wird weiter gepflegt, aber auf jetzt *korrekte* Weise –, sondern um ein Verhaltensmuster, das fernab jeglicher Realität den neuen *modernen* Norm-Menschen beschreibt, der unter Beachtung des neuen Genderismus, den Gepflogenheiten diverser Ethnien und natürlich der ständigen Gefahr von *Sexual Harrasment* immer den richtigen Verhaltenskodex pflegt. Wenn das mal nicht in die Hose geht …

Ich kann mich gut erinnern: Als wir mal Besuch aus Amerika erhielten kam sofort die Order, sämtliche Pin-up-Bilder aus den Werkstätten und Büros zu entfernen, denn die Amis könnten sonst seelischen Schaden nehmen. Klar doch – im Land der unbegrenzten Möglichkeit, unter anderem mit der größten Pornoindustrie der Welt … Man kann sich vorstellen, wie die Mitarbeiter darauf reagiert haben.

Compliance ist für mich ein reines Synonym für Vertrauensverlust. Diesen hat sich die Wirtschaft durch ihre Maßlosigkeit mit all den unlauteren Bankgeschäften und Börsentransfers ausschließlich selbst zuzuschreiben. Doch wer steckt hinter der *Wirtschaft*? Keinesfalls diejenigen, die sie nach außen repräsentieren! Aber sind es Kapitalflüsse, Produktionsbetriebe, Dienstleistungen, Märkte oder nur unser Konsumverhalten, das von findigen Animateuren ständig neu manipuliert werden muss?

Das Gespenst der Globalisierung, verbunden mit *Hedgefonds* und *Private Equitity* hat eine enorme Unsicherheit bei den Arbeitnehmern ausgelöst. Die wenigsten Firmen sind heute noch in der Lage, ein so hohes Identifikationspotenzial zu entwickeln, dass daraus eine Art von Familienzusammengehörigkeit entsteht. Vielmehr fühlen sich viele Arbeitnehmer als lästige Manövriermasse, die quasi nur noch Kosten verursacht. Entsprechend ließ auch die Loyalität der Beschäftigten nach und so müssen sie jetzt ständig von verantwortungsbewussten Managern *motiviert* werden, um die neue Zeit mit ihren *gewaltigen* Herausforderungen noch besser verstehen zu lernen. Es war also direkt ein *Glücksfall*, dass Compliance *just in time* aus den USA bei uns anlandete, denn was anfänglich nur die korrumpierenden Konzernleitungen betraf (siehe Beispiel *Siemens*), konnte im Anschluss hurtig auf die gesamte Belegschaft umgemünzt werden. Jetzt waren Loyalität und der viel beschworene Teamgeist nebensächlich, da die neue Ersatzreligion *Controlling* hieß. Natürlich werden auch weiterhin vollmundige *Appelle* an die lieben Mitarbeiter und -innen gerichtet, ihre Firma zu ehren und zu lieben, aber wer ist denn eigentlich noch *die Firma*? Oft nur noch eine Ansammlung geldgieriger Investoren, die ausschließlich auf ihren *Cashflow, Return on Invest* bzw. Aktienkurs blicken. Die Heuchelei aber, dass mit Compliance die Welt ehrlicher geworden ist, trägt beinahe schon tragikomische Züge …

Doch blicken wir wieder etwas zurück in die späten 70er- und frühen 80er-Jahre ...

Man hatte ja nicht nur einen festen Arbeitsplatz und ein festes Einkommen, sondern auch geregelten Urlaub. Und beim Urlaub erfuhr ich ein gewisses *Déjà-vu*: das Geld war knapp und die Eltern besaßen immer noch ihren Wohnwagen ...

So startete ich wieder mit Kind und Kegel just jenes Freizeitvergnügen, dem ich schon in meiner späten Jugend eigentlich für immer abgeschworen hatte. Es begann wieder alles von vorne: Man zog den schweren Wohnwagen quer durch Frankreich oder Italien an irgendeine Küste, endlich angekommen, schleppte man in der Affenhitze die Kiste in eine – zugewiesene – Lücke und baute vorschriftsmäßig das Vorzelt auf. Der Puls pochte bereits gefährlich in den Schläfen, man schüttete sich daher schnell ein warmes Bier in den Hals und erzählte im Anschluss seinem armen Kind, das sich über zwölf Stunden auf dem Rücksitz herumgequält hat: *Hier ist es doch richtig schön, gell?*

Man holte seine neue Super-8-Kamera mit dem unglaublichen 8-fach-Zoom heraus und filmte, was das Zeug hielt. Und jeder der gefilmt hat weiß, was so eine 15-m-Kassette damals kostete. Man filmte für die Ewigkeit: südliche Pinien, Strände mit und ohne Wellengang, am Abend und frühen Morgen, Kind im Wasser, am Strand, im Wohnwagen und schlafend – ach wie süß ...

Um ehrlich zu sein: Wir praktizierten dies viele Jahre in der Hoffnung, etwas vom *freien* Leben in der Natur zu partizipieren. Ich schrieb ja, dass bereits in den 50er-Jahren die Campingplätze gut durchorganisiert waren, erst recht war dies der Fall in den 70er-Jahren bis heute. Es gab aber immer noch größere Toilettenanlagen mit leicht unappetitlichen Duschen, man traf sich zwangsläufig zur morgendlichen Toilette an ellenlangen Waschtrögen, sagte *Bonjour* und alle grüßten mit *Guten Morgen* zurück … Ja, das war doch echte Freiheit. Der Campingplatz-Supermarkt bot mit leicht erhöhten Preisen frische Croissants oder Baguettes an und man freute sich auf ein Frühstück an seinem wackligen winzigen Tischchen auf genauso wackligem Campinggestühl. Ganz zu schweigen von der *herrlichen* südlichen Sonne, die erbarmungslos auf einem niederbrannte. Man suchte verzweifelt Schatten unter einem viel zu kleinen Sonnenschirm und tauchte – kurz vor dem Hitzschlag – seinen Alabasterkörper in das warme Nass des südlichen Meeres.

Nachts saßen die Menschen dann vor ihren Wohnkisten oder Zelten und wurden furchtbar lustig. Vor allem, wenn der Alkohol die Stimmung hob und ein paar besonders spezielle Lacher oder Lacherinnen ein schreckliches Gewieher begannen – gerne immer dann, wenn man in seiner eigenen Kiste gerade am Abnicken ist – man wünscht in dieser Situation jedem, der so laut lacht, einen qualvollen Tod … Doch mitten in der Nacht, wenn endlich alles ruhig ist, wird man plötzlich selbst unruhig, denn die Blase drückt. Man kennt genau die Konsequenzen: einigermaßen sittlich anziehen, Badeschlappen an und dann durch die Nacht zur Massentoilettenanlage torkeln, denn woanders schnell mal hinpissen ging, wegen der Dichte der Wohnwagen, definitiv nicht. Morgens – leicht gerädert – begann wieder alles von vorne …

Soviel zum Urlaub und den damit verbundenen Gepflogenheiten. Man kann zwar etwas amüsiert zurückblicken und erkennt natürlich auch die vielen Fehler, die einem unterlaufen sind, doch die Alternativen, die sich einem seinerzeit boten, waren auch begrenzt: Manche machten Urlaub auf dem Bauernhof – das hatte ich eigentlich für mich abgehakt, nachdem meine kindliche Frühentwicklung in genau diesem Umfeld stattfand. Hotelurlaub mit Familie – damals noch eher etwas für Besserverdiener und außerdem stinklangweilig. Und sogenannte *familienfreundliche Pensionen*, wo die kleinen Racker tun und lassen können, was sie wollen und man somit auch ausschließlich *Erziehungsberechtigte* antrifft, die dann wieder über ihre Wunderkinder referieren – nein danke …

Insofern betreibe ich keine Vergangenheitsbewältigung wegen möglicher falscher Urlaube und den daraus resultierenden Verhaltensstörungen des Nachwuchses. Die Super-8-Filme habe ich digitalisieren lassen, 80 Prozent herausgeschnitten und erfreue mich jetzt daran, wie gut wir doch einst ausgesehen haben …

In diesem Alter betreibt man auch Wintersport

Da ich im Vorgebirge aufgewachsen bin, war es allgemein Sitte, mit ein paar Holzlatten auf schneebedeckten Wiesenhängen sein Glück zu versuchen. Dies war insofern eine Mutprobe, als man quasi nur *Schuss* fahren konnte und darauf hoffte, dass der Auslauf ausreichte, was allerdings nicht immer der Fall war … Die Spezialisten beherrschten bereits den sogenannten *Christl*, einen Abschwung, der es einem erlaubte, zumindest die Fahrtrichtung zu verändern, was für uns Kids eine absolute Sensation darstellte. Die Bezeichnung *Christl* kam seinerzeit von der bekannten Skiläuferin Christl Cranz aus den 30er-Jahren.

Mit diesen doch recht bescheidenen *Skifahrkünsten* begnügte ich mich viele Jahre, bis ich zum ersten Mal als schon Halbwüchsiger eine präparierte Skipiste kennenlernen durfte und schnell merkte, wie leicht man im Gegensatz zu meinen früheren Wiesenhängen plötzlich schöne Bögen fahren konnte. Die alpine Welt der Skilifte war anscheinend doch etwas ganz anderes und so passte man sich der neuen Zeit und Ski-Technik recht zügig an. Angesagt waren damals ellenlange Hickory-Ski, 205 – 210 cm musste ein *besserer*

Skifahrer schon beherrschen. Die Ski-Industrie schlief jedoch nicht und kreierte nach einem noch recht teuren und schweren Metall-Verbund-Ski den ersten leichten und wendigen Kunststoff-Ski. Und jetzt sind natürlich die sehr leicht beherrschbaren stark taillierten Carving-Ski angesagt – extrem kurz, wie früher unsere Kinder-Ski. Soviel ich weiß, hat sich die Zahl der Skiunfälle dennoch nicht stark verringert und dies, obwohl jetzt jeder mit einem Sturzhelm sein irdisches Dasein zusätzlich schützen darf.

Das Outfit war allerdings von Anfang an das Allerwichtigste: es begann mit der sogenannten Keilhose, gerne zusammen mit einem Wollpulli. Die Skistiefel waren aus Leder und mit möglichst roten oder weißen Schnürsenkeln ausgestattet. In den 70ern wurde es dann richtig sportlich: der Insider trug sogenannte *Jet-Skihosen*, die waren hauteng, Typ *Prinz von Homburg*. Passend dazu, möglichst auffällige teure Schnallen-Skistiefel, die den Fuß dermaßen pressten, dass eine vernünftige Durchblutung grundsätzlich nicht mehr möglich war. Aber Schmerzen interessierten damals eigentlich die wenigsten …

Stürze mit dem alten Lederskischuh führten meist zu Verstauchungen und Schwellungen, die man unter Umständen über Nacht mit einem Eisbeutel oder einer guten Salbe wegbekam. Durch die hohen und harten Kunststoffschuhe wurde das Problem in das Schien- und Wadenbein oder gleich in das Knie verlagert. Die Orthopäden haben seitdem – trotz moderner Sicherheitsbindungen – Hochkonjunktur.

Auch die Technik änderte sich stark: Während man früher mit seinen bescheidenen Stemmbogenkünsten hochzufrieden war, konnte man später nur noch mit dem sogenannten *Parallelschwung* Punkte auf der Piste sammeln. Mit dem Tragen einer *Jet-Skihose* in den 70er-Jahren war dann allerdings auch der sogenannte *Jet-Schwung* – ein Schwung in tiefer Hocke mit entsprechender Antizipationsbewegung – ein absolutes Muss. Rein anatomisch eigentlich ein totaler Verweigerungsfall für jedes Knie, da sich der Meniskus und die Kreuzbänder ständig in höchster Lebensgefahr befanden. Die Oberschenkel brannten bereits nach 10 – 15 Schwüngen wie Feuer und man fragte sich, wie die einheimischen Burschen es schafften, so eine Buckelpiste – ohne Pause – herunter zu wedeln. Jetzt weiß ich es: Ich war damals schon längst ein unkonditionierter Sesselfurzer mit zunehmenden Gewichtsproblemen …

Neben richtigem Material und Outfit war natürlich entscheidend, *wo* man Ski fuhr. Mit den Jahren und dem etwas höheren Einkommen suchte man gerne immer bessere Skiorte auf, um *dabei* zu sein und entsprechend blutete man für Liftgebühren, Übernachtungen und Essen. Wir fuhren zunehmend auch im Verbund – sprich mit Freunden und Familien, ihre und unsere Wunderkinder eingeschlossen –, um uns gegenseitig mit unseren Fahrkünsten oder zumindest Outfits beeindrucken zu können. Das war dann meist kurzweiliger und teilweise auch recht amüsant, weil man in manchen Grenzsituationen die Charaktere so wunderbar studieren konnte. Ein Stück weit wurde in den Bergen auch die klassenlose Gesellschaft praktiziert, denn einen guten Skifahrer konnte man auch mit den besten Klamotten am Leib nicht ausstechen, er war stets der Chef im Steilhang und so stürzten sich all jene wohlhabenden Blindgänger auf die einheimischen Skilehrer, um auch einmal so gut fahren zu können – was sie in der Regel allerdings selten oder nie schafften …

Als Fazit sehe ich dennoch die herrliche einmalige Bergwelt, die mir oft ein Hochgefühl vermittelte, das ich einfach nicht beschreiben kann. Mit etwas Abstand und Ironie darf ich heute den irrsinnigen Massentourismus betrachten, der jenseits vom sportlichen Vergnügen nur noch dem Kommerz gewidmet ist – aber bekanntlich hat alles und jedes seine Zeit …

Meine Bilanz ist eigentlich auch typisch: Fußbruch beim Sohnemann, Kreuzbandabriss bei Madame und bei mir Knorpelquetschung des Hüftgelenks, das demnächst wohl das Zeitliche segnen wird … Sport ist Mord – aber doch manchmal etwas Schönes.

Apropos Sport – in den 70ern war natürlich auch Tennis angesagt …

Die wenigsten meiner Generation konnten richtig Tennis spielen, aber jeder tat so, als hätte er mit John McEnroe oder Björn Borg schon mal ein Doppel gespielt.

Tennis war noch in den 50er-Jahren für uns Kinder ausschließlich ein Fall für die Upperclass – da parkte ein *Benz* oder ein *Opel Kapitän* vor dem Klubhaus und wir Buben durften für 50 Pfennig oder einer Flasche *Bluna* nach den Bällen flitzen, die irgendein Arschloch verschossen hatte.

Doch jetzt – endlich – gab es Tennis für all jene, die wähnten, sich auch zur Upperclass zählen zu dürfen … und das waren nach meiner Erinnerung eigentlich alle und somit auch ich. Man sah die skurrilsten Turniere, die man sich nur vorstellen kann: da sprangen gestandene Mannsbilder wie Geißböcke auf dem roten staubigen Tennisplatz herum. Trotz unentwegter Trainingsstunden gelang es den wenigsten auch nur ansatzweise ästhetisch Tennis zu spielen. Dennoch gab es sogenannte Ranglisten und Verbandsspiele, wo ein Dorfverein gegen einen anderen Dorfverein sein *Bestes* gab. Oft wandte man sich beim Anblick des Gestöpsels mit Grauen ab und lieber den Damen in kurzen Röckchen zu … Es ist kein Witz, wenn ich sage, dass es zwei Todesfälle bei unseren Turnieren gab, als übergewichtige Männer mit bereits blauen Lippen versuchten, einen *Crossball* noch übers Netz zu jonglieren. Tragisch, aber wahr …

Gesellschaftlich gab es in den Klubs immer einen sogenannten *in-*

neren Kreis mit furchtbar wichtigen Menschen, die nie grüßten, sondern die man immer zu grüßen hatte. Dazu zählten auch die Vasallen bzw. Parvenüs, die satellitenartig die Szene umkreisten und sich somit für genauso wichtig hielten und auch entsprechend knapp zurückgrüßten. Es war hier wie im richtigen Leben: mehr Schein als Sein, und so machte ich auch hier keine Karriere und spielte ausschließlich mit anderen Nobodys mein bescheidenes Tennis. Ein gerne und häufig genutztes Argument der *Haute Volaute* war damals, *man wolle sich doch nicht seine Vor- oder Rückhand mit einem schlechteren Gegner versauen* – das klang doch schon ganz schön tough von Spielern, die meist selbst nur auf äußerst bescheidene Tennis-Ressourcen zurückgreifen konnten.

Natürlich wussten die meisten Alten, dass ihre Tenniskünste eigentlich wenig bis gar nicht vorhanden waren, doch da gab es ja noch die Kids – und hier spielten sich die eigentlichen Dramen ab: Die Kinder sollten das erreichen, was die Alten nie geschafft haben. Die Jugendturniere und Ranglistenspiele waren Ausdruck nackten Ehrgeizes einer ganzen Elterngeneration – ein Drama, das teilweise in ein richtiges Gemetzel mündete, weil hier von außen verbissen mitgecoacht wurde. Die Kinder waren oft entsprechend überfordert und dann als Versager abgestempelt. Die *Winner* waren natürlich all jene, die diese Sportart auch wirklich beherrschten – also vergleichsweise wenige. Ich persönlich habe dieses *Schimpansen-Training* in den Vereinen stark verachtet, da es später im realen Leben unter Umständen wichtiger sein könnte, mal eine gemischt-quadratische Gleichung aufzulösen oder zumindest einen fehlerfreien Geschäftsbrief zu verfassen, als einen *Smash, Volley* oder *Cross* gut zu platzieren.

Einige gute Spieler des Vereins sind später als Platzwart und Trainer hängen geblieben, da Tennis wohl das einzige Erfolgserlebnis in ihrem bescheidenen Leben war – Gruß an die Eltern …

Aber immerhin gehörten zu dieser Kindergeneration bekanntlich auch ein Boris Becker und eine Steffi Graf, die später ganz Deutschland mit ihren Siegen beglückten. Na und heute spielt man natürlich Golf only …

Was benötigt ein erfolgreicher Mensch? Natürlich ein eigenes Haus …

Ja, meine Generation hatte einen recht sicheren Arbeitsplatz. Es gab zwar einst die sogenannte *Ölkrise* mit Fahrverboten, dann den *NATO-Doppelbeschluss*, der uns allen nochmals den Rüstungsirrsinn vor Augen hielt, und einige Konjunktureinbrüche mit den entsprechenden Risiken für die Wirtschaft, aber dennoch, man hatte eigentlich keine Angst vor der Zukunft und ging das Risiko einer Baufinanzierung ohne große Bedenken ein. Das Geld war damals knapp und unglaublich teuer (acht bis neun Prozent). So war es wichtig, das Firmenangebot mit einem zusätzlichen äußerst günstigen Null-Zins-Darlehen zu nutzen. Davor stand allerdings etwas, das ich schon mal beschrieben hatte: der *Antrag* auf diese Zuwendung … Ich möchte nicht wieder auf meine Selbstverleugnung und meine widerlichen Schleimereien während der Antragstellung eingehen, aber ich hatte Glück: Als ich meinen Antrag mit allen erforderlichen Unterlagen abgeben wollte, stieß ich auf ein leeres Büro, vernahm jedoch ein mir bekanntes Geraschel aus der offenen Tür des Nachbarzimmers. Im spitzen Winkel meines eingeschränkten Blickfelds erkannte ich schnell, dass der Herr Sachbearbeiter mit seiner durchaus attraktiven Kollegin gerade *zugange* war. Meine damals bereits recht professionelle Einstellung zu allen geschäftlichen Prozessen, gebot mir sogleich eine völlig neutrale Miene aufzusetzen und auf *Stand-bye* zu gehen, bis der Herr Sachbearbeiter sich etwas *beruhigt* und alles *geordnet* hatte. Die Genehmigung erfolgte anschließend auch relativ zügig, es wurden keinerlei weitere Fragen gestellt und kleine Formfehler sogar vor Ort korrigiert. Ich verabschiedete mich mit kollegialer Höflichkeit und hatte meine Kohle.

Wie das Leben so spielt, hatte ich meine bescheidene Finanzierung zusammengekratzt, aber das passende Haus noch nicht gefunden. *Passend* hieß in meinem Fall: Reihen-Mittelhaus, Reihen-Eckhaus, oder gar die Luxusvariante *Doppelhaushälfte*. Ich fand Letzteres, allerdings mit einer vergleichsweise miesen Eingangsvariante. Was ich auch schnell begriff: Mit derartiger Bauweise gesellte man sich von vorneherein zu den Underdogs, da die frei stehenden Häuser mit ihren bessergestellten Besitzern in einer anderen Liga spielten und auf uns Reihenhäusler im Neubaugebiet gerne herunterblickten, so als ob wir gerade aus dem Osten herübergekommen wären. Entsprechend herablassend wurden wir auch von den *Freisteh-Häuslern* gegrüßt, da wir ja jetzt mit unserer Einfach-Architektur die ganze Wohngegend *verschandelten*. Dennoch war unser größter Vorteil, dass wir in der Regel deutlich jünger waren und – wenn es denn sein musste – mit unseren Arschbacken noch Nüsse knacken konnten.

Bei einer derart knappen Finanzierung war natürlich Eigenleistung angesagt

So werkelte ich Tag und Nacht im Haus, was natürlich dem Nachbarn, der wiederum weniger wert auf Eigenleistung, dafür umso mehr auf Ruhezeiten legte, nicht besonders behagte und somit zukünftige Spannungen schon vorprogrammiert waren …

Auch versuchte ich mich eifrig an der Außenanlage und beschloss unter anderem zum vorderen Nachbarn hin, der sein Grundstück mit einer hübschen, aber scharf auf die Grenze gepflanzten Buchenhecke eingefriedet hatte, eine kleine Stützmauer zu errichten. Eine entsprechende Verschalung war schnell zusammengebastelt und schon kippte ein Lkw eine volle Tonne Fertigbeton vor das Haus. Ich raste mit dem Schubkarren zwischen Verschalung und Betonhaufen wie von der Tarantel gestochen hin und her, denn die Abbindezeit des Betons war beschränkt. Was ich dabei nicht bedachte war, dass die unsachgemäß zusammengezimmerten Schalbretter mit jeder weiteren Füllung immer weiter auseinanderklafften und erst an den Buchenstämmen der Nachbarhecke einen endgültigen Halt fanden. Ein prüfender Blick sagte mir alles: die Buchenhecke hatte ich für alle Zeiten solide einbetoniert. Dies war der Beginn einer wunderbaren Freundschaft …

Das eigene Heim war durchaus ein Ort der Selbstverwirklichung und durch das wenige Geld, das nur zur Verfügung stand, auch der Selbstbescheidung. Man lernte Disziplin bei allen Ausgaben und hatte dennoch kaum Probleme mit der Konsumwelt. Die Richtschnur allen Handelns war der Dispositionskredit des Girokontos und dieser signalisierte meistens Ebbe.

Da im direkten Umfeld ähnlich gebeutelte Häuslebauer ihr Dasein fristeten, war es vergleichsweise einfach neue Freundschaften zu schließen und diese halten – man traut es sich kaum zu sagen – bis zum heutigen Tag. So hatte dieses Projekt durchaus auch eine soziale Komponente. Nicht wegzureden sind natürlich die unendlichen Fehler, die ich bei Planung, Ausstattung und Finanzierung machte. Ich war total arglos, glaubte den Maklern und Architekten einfach alles und wunderte mich maßlos, wenn die eigene Vorstellung mit der Realität rein gar nichts mehr zu tun hatte. Ein Abenteuerspielplatz also und das war genau der Reiz des Ganzen.

Die Gleichförmigkeit des Seins

Diese wird gerade durch die Attribute *Familie, Beruf, Auto, Haus* und *Freizeitvergnügen* seltsam verstärkt – der Zeitmaßstab verkürzt sich plötzlich und komprimiert die Erlebnisfähigkeit auf ein Minimum. Darüber kann man sich zwar trefflich aufregen und philosophieren, aber es stellt sich die Frage nach möglichen Alternativen. *Nacktwandern in der Natur, auf Bäume klettern und darauf wohnen* – klingt alles vielversprechend, würde unsere pluralistische Gesellschaft aber vor enorme Herausforderungen stellen. Insofern sucht der Mensch – wie so oft – gerne nach Kompromissen. *Ein Leben im inneren Einklang mit der Natur* – das klingt doch schon ganz anders. Es stellt sich die Frage, welche Natur hier gemeint ist, bei rund sechs Milliarden Menschen … Die Bio-Konsumenten, Veganer und Demeter-Freunde sind sich heutzutage einig: nur hier geht es entlang; mit dem Hybrid-SUV vorbei an saftigen Weiden und grünen Wäldern. Glückliche Kühe mit dankbarem Augenaufschlag rühren einen zutiefst an, weil sie wissen, dass Soja-Brätlinge anstelle von Steaks in die Pfanne kommen. Das Null-Energiehaus mit seinen Silizium-Solarzellen auf dem Dach zeigt dem kleinen uneinsichtigen Städter, der wegen seines mäßigen Einkommens in einem schlecht isolierten Mietshaus wohnen muss, was er doch eigentlich für ein Schmutzfink ist. Wir kleben vorschriftsmäßig rot-gelb-grüne Aufkleber zusammen mit zigfachen *Maut-Bickerln* für aller Herren Länder auf die Windschutzscheibe, sodass wir kaum noch hinausschauen können und werfen uns gegenseitig unsere *Dreckschleudern* vor.

Reden wir gerade von der Umwelt? Na klar doch …

Das Klima ist doch die beste Repressalie jeder Politik gegenüber den Bürgern. Hier muss er immer das Maul halten, der Bürger – er hat ja schließlich keine Ahnung, aber stets ein schlechtes Gewissen. Die Erderwärmung: ein Menetekel, dem sich keiner entziehen kann und einfach jeden beeindruckt. Kein Wunder, dass die Weltpolitik quasi per Dekret beschlossen hat, einfach mal so den statistischen Jahresmittelwert um ein Grad zu senken. Ich stelle mir also einen riesengroßen Thermostaten vor, der jetzt etwas heruntergeregelt wird – geht doch …

Die Wettervorhersagen ersetzen inzwischen spielend jede Horrorshow

Eigentlich jeder Moderator will nicht mehr Regen oder Sonnenschein – wie früher mein Wetterhäuschen – vorhersagen, sondern jene dicht gedrängten Isobaren als furchterregende Linien näherbringen, die unheilvolle Strömungen generieren und im Prinzip das Ende aller Tage ankündigen. Man erwartet am nächsten Tag das Allerschlimmste und ist dann doch enttäuscht, wenn es – wie immer – nur pisst oder auch mal schneit. Sollte auf der Wetterkarte tatsächlich außer schönem Wetter nichts zu finden sein, zieht der schlaue Wetterfrosch sofort irgendeine Statistik aus dem Zylinder, die den wärmsten Tag seit Christi Geburt ankündigt. Falls wir dann immer noch zu entspannt im Fernsehsessel herumhängen, schwenkt der Großmeister zu einem anderen Erdteil, wo gerade ein gewaltiges Unwetter tobt oder eine katastrophale Trockenheit herrscht, die einen reflexartig zum Bier greifen lässt. Wir sind erschüttert und dankbar für diese umfassenden Berichte und wissen wieder: So kann es einfach nicht weiter gehen ... Auch die informativen Talkshows befassen sich gerne und oft, sozusagen als Resümee der Erderwärmung, mit Palmen-Plantagen im Odenwald und alternativer Ernährung mit Heuschrecken und anderem Gekreuch. Haben wir das unheilvolle Wetter endlich verstanden, werden die Wetterpastoren aggressiver, denn jetzt geht es um Schuld und Sühne. Wir schauen betrübt auf unsere Blechkisten in den Garagen, jene Dreckschleudern, die an allem, wirklich allem schuld sind, und senken unser Haupt.

Wie und wer soll dies alles auch verstehen? Die Autos, ausgestattet mit Filtern und Katalysatoren, um Stickoxide, Kohlendioxid und Rußpartikel herausfiltern zu können, reichen offensichtlich immer noch nicht aus, um den Anforderungen staatlicher Umweltwächter zu genügen. Was also tun? Jeder halbwegs gebildete Mensch weiß zwar, dass CO_2 primär in der Natur für die Fotosynthese unserer Pflanzen unerlässlich ist und insofern eher den Wirkungsgrad unserer gesamten Flora erhöht. Dass man mit derzeitigen Technologien einer höheren Konzentration in der Atmosphäre nicht so ohne Weiteres beikommen kann, hat sich vielleicht auch schon herumgesprochen, da konkurriert bekanntlich die Emission eines furzenden Hundes einschließlich seines irrsinnigen Fleischkonsums über seinen gesamten *Lifecycle*, durchaus mit einem schnittigen *Porsche*. Beides sind ja irgendwie auch emotionale Anschaffungen – der Fiffi genauso wie der *Porsche*. Insofern wäre es auch mehr recht als billig, im Sinne unserer Ökobilanz einfach beides abzuschaffen ... Die *Öko-Imame* der herrschenden Klasse sollten daher ruhig noch etwas rigoroser vorgehen und vorher aber sicherheitshalber abprüfen, wer die stärkere Lobby hat – ich tippe auf die Tierfreunde.

Nun ist die Reduzierung des CO_2-Anteils von 0,04 Prozent in der Atmosphäre so eine Sache, denn jetzt beginnt eine für den mittleren

Schulabschluss schwierige Rechenübung: den Pkw-Anteil von ca. 12 Prozent an der Co^2-Bilanz zu halbieren, bedeutet eine Reduktion von 0,004 auf sage und schreibe 0,003976 in 100 Jahren. Es soll sogar Wissenschaftler geben, die den aktuell gestiegenen CO^2-Anteil als *Folge* früherer Erderwärmungen beschreiben und nicht umgekehrt. Bekanntlich blasen auch unsere Vulkane ordentlich Co^2 in die Erdatmosphäre hinaus, wobei auch hier – je nach Ideologie – mal viel oder mal wenig *geblasen* wird. Aber hier landen wir – wie immer – bei den Ungläubigen, den Ignoranten, die rein gar nichts für die Umwelt beitragen wollen und die man daher dazu zwingen muss. Oft frage ich mich, wenn ich in unseren Breitengraden Muschelkalkgestein mit Einschlüssen von Ammoniten entdecke, wer wohl damals zu oft mit seinem stinkenden Moped zugange war, sodass offensichtlich im Anschluss ganze Meere austrockneten …

Umwelt ist immer eine Definitionssache, die je nach Interessenlage ausgelegt werden kann.

Klar, dass der Individualverkehr der ideale Prügelknabe für die Politik ist. Klar ist auch, dass dies alles nur Schattenspiele sind, denn ohne die lukrative Automobilindustrie mit ihrem Steueraufkommen und steuer- und sozialversicherungspflichtigen Beschäftigten, hätte der Herr Finanzminister inklusive seiner *Chefität* ein kleines Problem. Die *Seilschaft* reicht also in Wahrheit vom Automobilisten über den Hersteller bis hin zum Fiskus. Niemand bestreitet, dass die Shareholder-gesteuerten Konzerne strenge Regeln befolgen müssen, die ausschließlich dem Gemeinwohl dienen. Es stellt sich nur die Frage, nach welchen Regeln? Die Abgasreinigung von Verbrennungsmotoren hat einen sehr hohen Standard erreicht und kann und muss stringent weiterentwickelt werden. Aber wenn hier Null-Emission gefordert wird, dann bitteschön in einer gesamtheitlichen Betrachtung, inklusive aller Ressourcen plus einer Energie- und Emissionsbilanz während des Herstellungsprozesses.

Und wie sieht es bei allen anderen thermischen Verbrauchern aus? Solange ein Verkehrsflugzeug beim Start noch die vieltausendfache Emission eines Pkws produziert und wir dennoch für 20,- Euro nach *Malle* fliegen können, so lange brauchen wir uns doch keinerlei Gedanken um Erderwärmung und Luftreinhaltung machen? Die Feigheit und Verlogenheit der Umwelt- und Wirtschaftspolitik kennt hier keine Grenzen. Das Diktat eines Wirtschaftswachstums heißt doch im Umkehrschluss, immer mehr Güter produzieren zu müssen, die eigentlich kein Schwein braucht. Das klingt nach Gotteslästerung, aber Fakt ist doch, die Halbwertszeit unserer Konsumgüter wird immer kürzer, unsere angebeteten Smartphones, Laptops und TV's sind daher reine Wegwerfartikel, die man spätestens nach zwei bis drei Jahren in die Tonne treten sollte – sonst wären wir ja keine patriotischen verantwortungsbewussten Konsumbürger mehr. Der Zirkus, der hinter dieser virtuellen Welt steht, wird gezielt gesteuert von Protagonisten und Organisationen, die unser Konsumverhalten systematisch beeinflussen. Man kann das gut oder schlecht finden, dass wir wie Trottel auf den Glasplatten eines Smartphones herum wischen, aber das Rad lässt sich nicht mehr zurückdrehen.

Wir kommunizieren auf Teufel komm raus über sogenannte soziale Netzwerke (möchte gerne wissen, was da *sozial* ist ...) und in den USA freuen sich ein paar Milliardäre mehr, wenn wir uns unentwegt lustige Bildchen zusenden und dabei ständig melden, ob der Stuhlgang heller oder dunkler ausgefallen ist – und alle quittieren dies mit Smileys oder gestreckten Daumen. Vorwiegend handeln die größten und reichsten Unternehmen der Welt heutzutage ausschließlich mit reiner Luft , sprich Software, deren hohes Animationspotenzial von ein paar genialen Programmierern erdacht wurde. Die passende Hardware dazu mit möglichst amerikanischem Label, klopft dann gerne ein Chinese zusammen. Das Interessante dabei ist, dass der Markt dies nicht unbedingt verlangt hat, sondern der Markt dafür explizit entwickelt und wir regelrecht dafür konditioniert wurden.

So konsumieren wir halt weiter, was gerade angesagt ist, kaufen ständig neue Möbel und Klamotten, die uns über die großen Ozeane zugeführt werden, um sie dann sogleich wieder zu entsorgen.

Wir sind also beim Thema Globalisierung

Ein Schlagwort, das die Knochen des Bürgers erzittern lässt. Früher gab es zwar auch schon Investoren, auch ausländische, doch heute klingt das einfach zu harmlos. *Globalisierung* lautet die Drohung des Establishments für Arbeitsplatzverlust, denn ob Chinese, Japaner oder Inder – sie können es stets billiger. Eine ziemlich perfide Veranstaltung, weil jede Schieflage der Wirtschaft offensichtlich nicht mehr von der eigenen Regierung beherrscht werden kann, sondern schicksalhaft von *außen hereinbricht*. Eine tolle Ausrede, die hier unseren verantwortlichen Politikern eingefallen ist.

Wir sollen konsumieren für unser Bruttosozialprodukt, billig produzieren für unsere Exportbilanz und dabei immer die Umwelt schonen – wie einfach doch alles ist … Dabei weiß sogar schon jeder ALDI-Kunde, dass seine Erdbeeren, die er zu Weihnachten konsumiert, nicht hinter dem Haus wachsen, sondern per Luftfracht aus den entferntesten Regionen zu uns geflogen werden. Ich kann in jedem Supermarkt selbstverständlich neuseeländische Äpfel zur besten Erntezeit des Bodensee-Obstes einkaufen, in Niedersachsen Allgäuer Milch und Butter erwerben und umgekehrt auch. Die Industrie produziert schon längst nach dem *Just-in-Time*-Prinzip, das heißt nichts anderes, als dass sämtliche Produktionsmittel auf den Straßen herumkutschiert werden, um beim Hersteller direkt ver-

arbeitet zu werden. Der Produzent spart sich dadurch enorme La-
gerkosten, die so der Steuerzahler übernimmt. Diese Betrachtungs-
weise ist natürlich absolut unmodern bzw. antiquiert, weil sich
schon längst die gesamte Wirtschaft darauf eingestellt hat. Doch wir
reden ja von der Umweltbelastung und heucheln dermaßen, wenn
man dieses Thema im Kontext der globalen Wirtschaft betrachtet.

Der Gütertransport stellt somit alles in den Schatten, was den Ver-
kehr anbelangt. Die Containerschiffe mit ihren unglaublichen
Frachtraten, der Güterverkehr auf unseren Straßen – dies alles könnte natürlich wesentlich besser geregelt und organisiert werden, doch
das wäre ja dann keine selbstregulierende freie Marktwirtschaft
mehr – sagt man … In Wirklichkeit könnte man natürlich Regeln
aufstellen, die die Wirtschaft zwar erst einmal schmerzen würden,
die sie aber auf jeden Fall akzeptiert hätte, denn sie will ja Geld
verdienen und *wie,* ist erst mal völlig egal.

Bestes Beispiel dafür war, als die rot-grüne Regierung ans Ruder
kam: Da engagierte sich Daimler mit *Adtranz* am Schienenverkehr.
Man wusste ja noch nicht, ob die Grünen ihre Ankündigung wahr
machten, den Schienenverkehr zu forcieren, dies war insofern eine
strategisch vernünftige Entscheidung des Unternehmens. Als man
merkte, dass die Grünen sich lieber mit Außenpolitik und Kriegs-
einsätzen beschäftigten, schwand schnell das Interesse daran, man
verhökerte den Laden an *Bombardier* und konzentrierte sich wieder
auf das sogenannte *Kerngeschäft.* Seinerzeit hätte die Politik die
einmalige Chance gehabt, den Schienenverkehr für den Gütertransport zu modernisieren und auszubauen. Schon damals wussten die
Verantwortlichen durch ihre *Bundesanstalt für Straßenwesen,* dass
im Mittel ein einzelner Lkw die Straße über tausendmal (!) stärker
schädigt als ein Pkw, mit der Folge ständiger Baustellen und entsprechender Staus. Doch was waren das für *Verantwortliche?* Sie
versuchten stattdessen verzweifelt die Bahn zu privatisieren, damit

sie mit aller Gewalt aus dem Obligo herauskamen, eine wie immer geartete unternehmerische Entscheidung treffen zu müssen. Und jetzt versucht der aktuelle Vorstand sogar – nur, um die Bilanz zu schönen – noch weitere Schienennetze abzubauen und dafür noch mehr Fracht auf die Straße zu bringen, die ihn schließlich wenig kostet, dafür ist ja vorwiegend der Steuerzahler zuständig.

Ja, wir reden immer noch von der Umweltbelastung!

Wer sich noch erinnern kann weiß, dass bis in die 70er-Jahre hinein, jeder bessere Mittelständler seinen Schienenanschluss bewarb und damit seine Wettbewerbsfähigkeit unter Beweis stellten wollte. Ein vom Massenverkehr unabhängiges Transportnetz wäre, mit einer modernen Logistik ausgestattet, allein vom reinen Umweltgedanken her unschlagbar gewesen! Heute schreibt jeder popelige Spediteur auf seinen Lkw *Logistics*, rekrutiert möglichst osteuropäische Unternehmen mit Billigfahrern und hält so anscheinend die Wirtschaft in Gang.

Was sind das für Verkehrsminister, die ausgelutschte Vorstände im Rentenalter in einem derart komplexen Unternehmen, wie die Bahn es nun mal ist, beschäftigen und Umweltminister, die ihre Mantras herunterleiern, wohl wissend, wo der Hebel eigentlich anzusetzen wäre? Die Autoabgase allein sind es jedenfalls definitiv nicht. Der hohe Wirkungsgrad einer E-Lok schon eher: geringste Reibungsverluste auf der Schiene bei gleichzeitig extrem hoher Zugkraft – simple Physik.

Doch unsere *Fach-Politiker* wollen ja etwas *Innovatives* – also das Elektro- oder zumindest Hybridauto mit beinahe Null-Emission …

So stopft eine Firma namens *Tesla* ihr schickes Plastikauto – ein besserer Trabi – einfach randvoll mit Laptop-Batterien und alle Welt frohlockt über diese *mutige Innovation*. Das Fahrzeug ist beinahe so schwer, wie die gängigen beschussgesicherten Panzerfahrzeuge der Politiker und über Reichweiten und vor allem Wirkungsgrad der Akkus bei Minustemperaturen schweigt man höflich – es geht ja schließlich um unsere Umwelt – *das wird schon noch ...*

Ähnlich die sogenannten Hybridautos: mit zwei separaten Energiespeichern (Sprit und Strom), zwei unabhängigen Antriebssystemen mit entsprechender Koppelung und Regelung ist doch ein echtes Sonderangebot für den *kleinen Mann* gelungen ... Auch hier zeigt sich gerne die Scheinheiligkeit mancher Politiker, die diese Technologie vehement einfordern. Natürlich brüstet sich in der Öffentlichkeit auch jeder solvente umweltbewusste US-Schauspieler genau so gerne damit, wie jene deutschen Politiker, für die eine simple monochrome Farbe als politisches Programm ausreicht. Ein derartiges Hightech-Fahrzeug ist zwar nicht besonders innovativ, aber verschleißt enorme Ressourcen, die den temporären Emissionsvorteil nach meinem Dafürhalten kaum rechtfertigen. Die alte Rechnung lautet: 50 Liter Benzin haben ein Batterie-Äquivalent von einer Tonne – ja geht's noch? Den Elektromotor, den es bereits seit über 100 Jahren mit vergleichbar hohem Wirkungsgrad gibt, als innovativ hinzustellen, zeigt die Hilflosigkeit der ganzen politischen *Elite*.

Die Automobilindustrie wiederum wird sich hüten, ein kritisches Wort über diese Technik zu verlautbaren, sonst hieße es sofort, man hätte wieder mal den *Anschluss verpasst* oder gar diese *fantastische* Technologie *verschlafen*. So lange man nicht einen wirklich neuen, mit der Energiedichte von fossilen Brennstoffen vergleichbaren Elektrospeicher entwickelt, betrachte ich das Mitschleppen von Tonnen an Lithium-Batterien eher als *Steinzeittechnologie* mit Alibifunktion. Das Zeug ist schwer bis gar nicht recycelbar und wenn es mal brennen sollte, ist es auch definitiv nicht mehr löschbar (das weiß jeder Feuerwehrmann, wird aber gerne diskret verschwiegen). Ähnlich die modernen kohlefaserverstärkten Kunststoffkarosserien, die mit aufwendigen Verbundwerkstoffen in sogenannter Space-Frame-Technologie gefertigt werden müssen, nur um ein paar Kilo für den Energiespeicher einzusparen. Ob man diese Kunststoffpolymere überhaupt vernünftig recyceln kann, bezweifle ich stark. Vielleicht muss die Plaste später mal geschreddert werden und darf sein zweites Leben in den nächsten tausend Jahren im Erdreich verbringen – so etwas nennt man heutzutage übrigens *nachhaltig*.

Mein persönliches Fazit – zumindest bis heute: Das absolut beste Elektrofahrzeug hat einen Stromabnehmer am Dach oder Boden – unerreichbar in seinem Wirkungsgrad und seiner Umweltbilanz. Straßenbahnen, Trolleybusse mit Oberleitung und die gute alte E-Lok unserer Bundesbahn sind die besten Beispiele für eine saubere Verkehrswelt. Sogar das Autoscooterfahren auf dem Jahrmarkt ist – wenn man von der lauten Musik absieht – ein Muster an Umweltfreundlichkeit. Allein schon ein paar Oberleitungen über der rechten Autobahnspur für die Lkws könnten das Emissionsproblem signifikant verbessern, obwohl die Straßenschäden dadurch nicht geringer würden. Alternativ gibt es inzwischen auch induktive Koppelungsmethoden zwischen Fahrzeug und Fahrbahn, die durchaus Potenzial hätten.

Vermutlich werden wir den Verbrennungsmotor irgendwann zugunsten eines Elektroantriebs ausmustern, bis dahin vergehen aber sicher noch einige Jahre und so sehe ich die Hauptaufgabe nach wie vor in der Optimierung der klassischen Antriebsart hinsichtlich verbessertem Wirkungsgrad als auch Abgasreinigung.

Solange wir uns den Schwerlastverkehr ohne Regulierung so leisten können und solange jede Lasagne 1000 Kilometer durch Europa gefahren wird, um irgendwelche subventionierte Preisvorteile zu erzielen, ist die sogenannte *Umweltpolitik* wohl eine lächerliche Farce. Der Himmel ist weiß von Kondensstreifen der Billigflieger, deren Abgase in die Stratosphäre entschwinden, ohne dass sich irgendein Umweltpharisäer darüber aufregt – er muss ja schließlich selbst öfters mal zu bedeutenden Umwelt-Kongressen fliegen und ist sicherlich auch im Besitz einer *Miles-&-More-Card*.

Klar, könnte man jeden Hausbauer – ohne irgendwelche staatliche Subvention – verpflichten, auf sein Dach eine Solarthermieanlage zu schrauben. Wo wäre das Problem? Doch stattdessen werden hoch subventionierte chinesische Siliziumplatten aufs Dach genagelt, deren Wirkungsgrad sich spätestens nach zehn Jahren halbiert hat. Doch da ist die Finanzierung ja meist schon erledigt, denn bis dahin hat der kleine private Stromverbraucher in den Städten und Gemeinden diesen staatlich subventionierten Irrsinn voll abbezahlt – so funktioniert die Lobby-kontrollierte Umweltpolitik.

Also trenne ich weiter den Müll, schaue nach meiner privaten Solarthermieanlage, die ich vor über 20 Jahren mal selbst auf das Dach gebastelt habe – nicht aus hehrem Umweltbewusstsein, sondern wg. 30 Prozent Heizölersparnis –, fahre meine Autos so schnell, wie ich Lust habe, und lächle milde, wenn mir ein engagierter *Naturfreund* seine philosophischen Ansichten über Emissionen, Glühbirnen und Atomkraftwerke einbläuen will. Ich sage mir spätestens dann: *Gut, dass ich als älterer Knabe nicht mehr jeden Mist glauben muss.*

Zurück zu den auslaufenden 70ern,

Die Bader-Meinhofs haben sich selbst *entsorgt*, was die Nachfolge-RAF nicht daran hindert, weitere Menschen zu meucheln, während die Regierenden und Bevölkerung resigniert zusehen müssen.

Alles war *Disco* in der Musikwelt und wir zappelten etwas gelangweilt mit.

Die Mode kreierte den legendären *Parka* als Einheitskleidung. Plötzlich waren alle öffentlichen Plätze und Wege grün von Parka-tragenden menschlichen Wesen. Ob Kinder oder Alte – wir trugen alle dieses halblange Kapuzenmäntelchen in Tarnfarbe. Der Beliebtheitsgrad der Atomkraftwerke sank zusehends und Neuprojekte waren kaum noch durchzusetzen. So war der Parka genau die richtige Berufskleidung für die Aktivisten: wasser- und schmutzresistent mit NATO-olivgrüner Tarnung. Vielleicht war der Parka auch so beliebt, weil man durch die Kapuzen den Fallout der H-Bomben, die von den US-Amerikanern und Sowjets einst in die die Atmosphäre gejagt wurden, besser abhalten konnte – wer weiß das schon …

Natürlich gab es auch alternative Kleidung; die Mädels kleideten sich relativ schrill mit viel Locken auf dem Kopf und selbst die Kerle rannten zum Friseur, um ihren bescheidenen Haarwuchs mittels Dauerwelle aufzuhübschen – sah meist ziemlich seltsam aus, was die Träger allerdings wenig abschreckte. Die Sommer-Bademode war hingegen im wahrsten Sinne des Wortes reizvoll; die Mädels und – gottseidank – meist nur die jüngeren Damen bevorzugten zunehmend die Topless-Mode am Badestrand. Was in den frühen 70er-Jahren nur an der Côte d'Azur üblich war, entwickelte sich jetzt in jeder popeligen deutschen Badeanstalt zur Normalität. Man staunte nur noch, wie lässig und souverän die Damen damit umgingen. Die Zeiten waren in dieser Hinsicht doch ziemlich locker und wir männlichen Wesen frohlockten. Auch der BH unter der Bluse bzw. dem Pulli verschwand sukzessive – die Damen bekannten damals Farbe, ohne irgendwelche Push-ups, die uns heute so schön blenden sollen – alles war *Natur pur* … Vor diesem Hintergrund versteht man erst, wir krass und krank die Diskussionen heutzutage über Schwimmsport in Schulen mit sogenannten *Burkinis* und den zwischen Männer und Frauen getrennten Badeterminen in öffentlichen Schwimmbädern ist – wir haben uns extrem zurückentwickelt!

In den sogenannten *besseren Wintersportorten* kam damals der Parka eher weniger zum Einsatz, hier waren meist teure Pelzmäntel angesagt, die manch hübsche Skimaid mit entsprechender Haltung zur Schau stellte, während ihre Kerle mit einem Jodlerhut auf dem Kopf etwas desorientiert neben ihnen hertrotteten. Pelze in der Großstadt zu tragen war hingegen schon damals wesentlich riskanter, denn da warteten bereits engagierte Tierfreundinnen, die allergrößtes Mitleid mit so einem putzigen Nerztierchen empfanden und daher gerne mal ihre Spraydosen für die herzlosen Pelzträgerinnen bereithielten.

Ich persönlich bin kein ausgesprochener Freud von jeder *Pelzwachtel*, aber Menschen, die uns mit ihrem politisch gefärbten Sendungsbewusstsein ständig wachrütteln wollen, erzeugen bei mir grundsätzlich maximalen Brechreiz …

Die Welt musste immer wieder ins Lot gebracht werden

Doch keiner wusste so richtig, was die Irren mit ihren Atomraketen tatsächlich trieben.

Unsere beiden Helmuts versuchten die amerikanische *Pershing II* gegen die sowjetische *SS20* auszuspielen – vielleicht war dies tatsächlich damals eine Art von Realpolitik, aber zwei deutsche Teilstaaten bis zum Rand mit Atomraketen vollstopfen, in der Hoffnung, dass eine Partei vielleicht aufgibt, war definitiv eine Gleichung mit zu vielen Unbekannten, die meines Erachtens kein irdisches Wesen im Vorfeld hätte lösen können. Das Glück des Tüchtigen war es jedenfalls nicht, sondern eher eine glückliche Fügung, dass es nicht zum Supergau kam. Ich empfand die daraus resultierenden Proteste und den Bürgerzorn als Selbstbehauptung und Hygiene einer ganzen Nation, die so langsam volljährig wurde.

Der Spruch *Lieber rot als tot* war genau passend, da die Jahrzehnte lang gesponserte Kommunistenangst mit der Logik einer totalen Vernichtung nicht mehr in Übereinstimmung zu bringen war. Selbst die Franzosen und Briten stationierten seinerzeit ihre Kurzstreckenraketen immer noch so, dass diese mitten in Deutschland niedergegangen wären, um uns vom Kommunismus *befreien* zu können. Eigentlich wurden einem in dieser Zeit zum ersten Mal die wahren Konsequenzen aus der Niederlage im Zweiten Weltkrieg klar. Die politische Klasse hatte uns über die Jahre immer die Bündnispolitik mit unseren *Freunden* in Amerika, Frankreich und GB als Siegelbewahrer des Weltfriedens verkauft und plötzlich merkten wir, dass das *Gleichgewicht des Schreckens* vorwiegend auf ost- und westdeutschem Terrain stattfand. Ein unvorstellbarer *Overkill* zur Verteidigung *westlicher Werte* oder *sozialistischer Brüderlichkeit*. Man spürte diese eingeschränkte Souveränität stärker bzw. bewusster als in der Frühphase der Nachkriegswelt.

Da war sie wieder, die *normative Kraft des Faktischen*, man sollte doch mal endlich Realist sein und die Gegebenheiten, so wie sie nun mal sind, anerkennen. Da gab es ja noch die gut ausgebaute frühere Zonengrenze, Demarkationslinie, Staatsgrenze des *Unrechtsstaates* ... Außer dem Politikergeschwafel über unsere *Brüder und Schwestern* in Weihnachtsansprachen und am 17. Juni, hatte man sich doch längst mit der Realität arrangiert. Auch die sogenannten *Reiseerleichterungen* und bilateralen Kontakte aller Art, signalisierten eine gewisse Normalität. Die Grenze *mitten durch Deutschland* war nur noch eine Floskel und ich kann mir durchaus vorstellen, dass unser Bundesgrenzschutz die Kameraden der NVA sofort auf irgendwelche Schäden am Grenzzaun aufmerksam gemacht hätte, um sich politischen Ärger zu ersparen. Für so etwas sind wir Deutsche nun mal absolut prädestiniert – wir sind halt enorm anpassungsfähig. Ich wurde nur einmal nachdenklich, als ich in Niedersachsen den kleinen zweigeteilten Ort Zicherie besuchte, wo man den Grenzzaun mitten durch das Dorf verlegt hatte. Das war doch irgendwie berührend und niederschmetternd zugleich und ich spürte plötzlich, wie krank doch die *Realpolitik* in Wirklichkeit sein konnte. Man hatte uns zu kleinen Konsum-Junkies erzogen, die die Politik doch gefälligst jenen überlassen sollen, die davon was verstehen. Wir waren Zuschauer in einem Weltorchester geworden, deren Dirigenten zwar ständig wechseln, aber wir hatten schon längst keinen Einfluss mehr, *was* sie spielen sollten und vor allem *wer dirigieren* durfte – wir waren zum Zuschauen verdammt!

Rein historisch betrachtet,

waren wir eigentlich nie ein Volk, das auf ein zentralistisches Reich mit einem *Führer* besonders fixiert war, obwohl man uns ja heute gerne darauf reduziert. Historikern folgend, sollen wir diesbezüglich sogar eine gewisse *Schwäche* oder nennen es wir *Neigung* besitzen. Zurückblickend auf meine äußerst rudimentären Geschichtskenntnisse, weiß ich allerdings, dass wir Hunderte von Jahren (ich vermeide *Tausend* ...) ganz prima mit einem Kaiser lebten, der mehr oder weniger ständig umhervagabundieren musste, um seine Pfalzen mit deren Kurfürsten einigermaßen bei der Stange zu halten. Für mich heißt das doch im Umkehrschluss, wir kannten lange Zeit nichts anderes als unsere föderalen autonomen Länder, deren staatliche Strukturen ständig im Wandel waren. Zentralregierungen waren bekanntlich schon seit Varus Zeiten nie besonders beliebt und – wenn man sich unsere Berliner Regierung anschaut – heute wohl weniger denn je ... Das bismarcksche Reich hat uns sicher die politische, wirtschaftliche und militärische Macht einer homogenen

Nation ermöglicht, was jedoch die Bayern nicht davon abhielt, die *Saupreißn* bis heute zu diskriminieren. Das ist zwar inzwischen eher folkloristisch zu werten, enthält aber sicher noch einen kleinen Kern Wahrheit.

Diese doch recht autonome Entwicklung unserer regionalen Stämme hat – so glaube ich – erst das hervorgebracht, was heute unsere Kultur, Wissenschaft und Philosophie ausmacht. Aus dieser Sicht waren die sozio-kulturellen Auswirkungen innerhalb der neu gezogenen Nachkriegsgrenzen einigermaßen erträglich, weil die Sachsen auch in der DDR immer noch Sachsen geblieben sind (obwohl man die armen Leute heute wegen ihrer Aussprache arg diskriminiert – liegt sicher am Walter Ulbricht …).

Auch die ehemals preußischen Provinzen konnten im *Einheitsstaat* ihre Eigenheiten einigermaßen bewahren. Im Westdeutschland war es ja ähnlich: man ließ die alten napoleonischen Landesgrenzen meist bestehen oder verdichtete bzw. korrigierte sie lediglich in dem einen oder anderen Fall. Wenn man allerdings an die defizitären Stadtstaaten denkt, wurden auch Fehler einprogrammiert, die unsere *mutigen* Politiker sich bis heute nicht auszumerzen trauten – warum auch, geht doch …

Die nach dem Krieg einströmenden Flüchtlinge aus den verlorenen Ostprovinzen haben sich vergleichsweise zügig ihren neuen Gast-Ländern angepasst, sodass sich die regionalen Strukturen bzw. Kulturen äußerst gering bis gar nicht verändert haben. Die Flüchtlinge besaßen schließlich den gleich hohen Bildungsstandard wie ihr Gastland und waren daher in der Lage, ihr Können und Wissen sofort und direkt einzubringen. Ihre eigene alte Kultur mit allen Traditionen mutierte bereits in der Folgegeneration (also meiner) schnell zur reinen Folklore. Einfach dürfte diese Integration, wegen enormer Belastungen für beide Bevölkerungsteile, dennoch nicht gewesen sein.

Der aktuelle Coup unserer Politprominenz mit den Hunderttausenden von arabisch-stämmigen Refugees beleidigt dann dennoch meine relativ pragmatische Vorstellungswelt: *Integration* soll per Dekret ähnlich funktionieren, wie nach dem Krieg – auch wenn der Bildungsstand *etwas abweicht* – das wird schon klappen ... Die Mitbürger in den Innenstädten sind ja ohnehin bereits einen hohen Ausländeranteil gewohnt, so müssen die hier bereits lebenden Moslems nur ihre Moscheen mit den Neuankömmlingen teilen und die Integration wäre per se eigentlich schon geschafft. Der Rest – habe ich von unseren Politikern gelernt – ist reine Formsache. Manchmal hilft wirklich nur noch beten ...

Alles wird gut

So wird sich durch diese *Neuankömmlinge* (was für ein Wort ...) die demografische Entwicklung im Lande endlich signifikant verbessern, denn unsere *altdeutsche* Fertilität erfuhr die letzten Jahrzehnte stets die Note *mangelhaft*.

Noch vor über 70 Jahren skandierten wir bekanntlich, ein *Volk ohne Raum* zu sein. und jetzt sind wir ganz offiziell zum *Raum ohne Volk* geworden. *So kann und darf es doch nicht weitergehen* weinen die Wirtschaftsbosse, Volks- oder völkische Ökonomen, Volksdemokraten, Volksdemografen und Volkskanzler und -innen ...

Warum sprechen wir von *Problemen* bei der Unterbringung von *Neuankömmlingen*, wenn wir es doch vor über 70 Jahren schon mal hoch professionell geschafft haben, eine gewaltige Anzahl von Menschen in riesigen Lagern zu sammeln und die Wirtschaft konnte sie schon damals, wie heute wieder auch prima gebrauchen – seltsam – oder habe ich da jetzt etwas völlig falsch verstanden ...

Und so gehört wohl für den neuen Hybrid-Deutschen jetzt der Islam genauso zum Abendland, wie ja offensichtlich das Christentum schon immer zum Morgenland gehörte …

Doch zurück zu den durch den *Eisernen Vorhang* getrennten Ost- und Westprovinzen:

Die *Pershings* gingen uns allen richtig *auf den Senkel,* aber auch das Beobachten, was die Politiker hinter dem Vorhang alles so trieben: es gab *SALT-Verträge, START-Verhandlungen* – keine Ahnung, was uns die hübsche Dagmar und der smarte Karl-Heinz in der Tagesschau da immer so vorlasen, wir fanden alles nur äußerst bedrückend und waren uns auch nicht mehr ganz sicher, ob überhaupt – außer den Militärs – noch jemand wusste, was gerade für ein Film lief.

Daher zogen viele Bürger wieder ihren grünen Parka an, hielten sich an den Händen und erzeugten lange Menschenketten, blockierten Mutlangen oder versammelten sich in *größerer Anzahl* im Bonner Hofgarten. Um ehrlich zu sein habe ich, als typischer bequemer Bundes-Spießer, mir diese Veranstaltungen lieber im Fernsehen angeschaut, als dabei mitzuwirken. Heute bewundere ich die Leute – sie haben sich gegen Tränengas und Wasserwerfer gestellt, um gegen politischen Irrsinn zu demonstrieren – Chapeau!

Die 80er-Jahre waren längst ins Land gezogen

Ich zählte rein statistisch immer noch zu den Jungen bzw. *Jüngeren* und die Tretmühle des Alltags hielt mich immer stärker gefangen. Man zählte exakt seine freien Tage, kombinierte seinen Urlaub mit sogenannten Brückentagen und fixierte sein Leben immer mehr hinter einer spießbürgerlichen Maske. Nach außen lief natürlich alles wie geschmiert. Beruflich durchschaute man das System etwas besser, wusste sehr wohl, wie man die Minenfelder mied und passte sich so den Gegebenheiten und auch Unwägbarkeiten optimal an. Man war so wunderbar gesichts- und konturlos, dass man sich selbst bei der morgendlichen Rasur oft nicht wiedererkannte. Mit dieser Konstellation waren meine Chancen am größten, doch noch eine Führungsposition zu erreichen. Das Motto *Viel Feind viel Ehr* zierte unter Umständen einen Michael Kohlhaas, aber in einer großen Firma zählten nun mal völlig andere Kriterien …

Die wichtigsten Eigenschaften eines Mitarbeiters beschreibt bekanntlich seine *Performance*. Ich kannte meine eigene definitiv nicht und so war ich mir sicher, dass die anderen meine Qualitäten erst recht nicht kannten. Ich war also ein unbeschriebenes Blatt – eine überaus günstige Voraussetzung für den Einstieg in den erlauchten Führungskreis. So schlug mich eines schönen Tages mein damaliger Chef für eine vakante Gruppenleiterstelle vor. Eigentlich konnte er mich nur schwer einschätzen, weil ich ja von ihm räumlich entfernt arbeitete. Meine fachlichen Leistungen dürften es ebenfalls nicht gewesen sein, da er sich für meine Qualifikation nicht sonderlich interessierte, ich funktionierte halt irgendwie. Aber ich fuhr definitiv besser Ski als er und das genügte vermutlich vollauf, um meiner Karriere Schwung zu verleihen..

Vor jeder Beförderung schuf Gott den Führungskurs, denn der ist bekanntlich den großen Firmen heilig. Obwohl so ein Gruppenleiter angesichts der gesamten Führungsstruktur fürwahr nichts Besonderes ist, hatte man schon das Gefühl eine Art Metamorphose zu erleben, wenn es in die Seminarräume ging, wo hochbegabte, dynamische Psychologen, Philosophen, Strategen, vielleicht auch noch ein paar Esoteriker oder ähnliche Typen uns das Führen von Mitarbeitern im Sinne der Konzernstrategie näher brachten.

Ja, der liebe *Mitarbeiter* – ein verlogener Begriff, den ich nie mehr vergessen durfte: Der arbeitende Mensch war von nun an kein Mensch oder Kollege mehr, sondern ein *Mitarbeiter*. Ich wollte dies am Anfang nicht so richtig kapieren, obwohl die anderen Kursteilnehmer diesen Kunst-Begriff bereits in Windeseile verinnerlicht hatten, denn es wurde urplötzlich ausschließlich von irgendwelchen *Mitarbeitern* gesprochen und klammheimlich an *Untergebene* gedacht … In der Realität war noch keiner von uns Wichtigtuern befördert – wir waren also selbst noch kleine Arschlöcher bzw. *Mitarbeiter*.

Modernes Führen war angesagt und ich spürte förmlich, wie es meine Nerven- und Blutbahnen durchströmte und auch nicht vor sämtlichen Alveolen haltmachte. Ja, wir waren Führer – ich meine Leiter … Das Auftreten von uns Kandidaten hatte schon beinahe etwas Majestätisches: beim Essen erinnerte man sich plötzlich an bessere Tischsitten, die uns die Eltern vor Urzeiten mal beigebracht hatten, und auch die Konversation zeigte irgendwie äußerst intellektuelle Züge. Man spürte förmlich, wie uns die bevorstehende Verantwortung *belastete*. Ich dachte in diesem Zusammenhang auch an Belastung, allerdings eher an die geringere Belastung meiner Hausfinanzierung, da ich ja durch die bevorstehende Höhergruppierung an mehr Kohle herankam. Es wurden auch Rollenspiele initiiert – einer musste immer *Mitarbeiter* spielen und der andere war *Chef*. Der Rest der Gruppe war *Beobachter* und gab anschließend Feedback. Das Feedback war damals auch ganz neu und irgendwie unheimlich toll …

Wir stellten jedenfalls unisono fest, zum Chef geboren zu sein. Menschenführung lag uns im Blut, wir waren die Auserwählten, die Guten, die Gerechten dieser Welt. Auf unseren Schultern lastete fortan das Schicksal eines ganzen Konzerns. Gesprächsrunden am offenen Kamin – natürlich mit Alkohol – lösten die letzten Selbstzweifel in Nichts auf. Nach diesem zweiwöchigen Seminar sah ich die Welt endlich so wie sie wirklich war. Dies merkte als Erste meine Frau, denn sie durfte ab sofort die Rolle meiner ersten Mitarbeiterin einnehmen. Da sie allerdings nicht auf dem Führungscoaching war, versagte sie in ihrer neuen Funktion relativ schnell und nahm kurzerhand wieder ihr altes Rollenspiel auf, was ich ihr dann auch nicht verwehren wollte ... Wenn also demnächst in ihrem Bekanntenkreis jemand von seiner *Mitarbeiterin* spricht, seien sie ja vorsichtig!

Spannend wurde es, wenn man die Ernennung endlich in den Händen hielt und sich in seiner neuen Funktion bewähren durfte. Mir hatte man – noch weiter weg von meinem Abteilungsleiter – eine Gruppenleiterstelle in einem Außenbereich zugedacht, dessen schlichte und verwahrloste Büroräume mich stark an meine Anfangstage in der Firma erinnerten. Vermutlich war dies auch der wahre Grund, weswegen ich die Stelle erhalten hatte. Die neuen Mitarbeiter freuten sich auch riesig, mich Neuling als Vorgesetzten genießen zu dürfen. Einer sagte mir das auch gleich ins Gesicht: er bräuchte eigentlich keinen *Davorgesetzten*. Und so habe ich auch schnell verstanden. Meine neu erworbenen Ideale und Führungstechniken legte ich zügig ad acta und beschloss, gar nicht erst anzufangen großartig zu *führen* – warum auch, es gab ja zwischen mir und dem Abteilungsleiter ohnehin noch einen Hauptgruppenleiter und dieser musste wiederum mich und meine paar Mitarbeiter führen – also wurde doch eigentlich mehr als genügend geführt. Schnell merkte ich, dass sich meine Taktik bestens bewährte, ich ließ meine Untergebenen weiter wursteln wie gewohnt und überließ alle Macht unserem gemeinsamen Hauptgruppenleiter. Dieser war mit der neuen Situation recht zufrieden, da sein Unterbau durch meine zusätzliche Strukturstelle an Stabilität gewonnen hatte, und ich war wiederum auch nicht unglücklich, da er von meinem Job keine allzu große Ahnung hatte und mir somit nicht groß reinreden konnte.

Ich lernte ziemlich schnell, dass das Führen eigentlich etwas Komplexeres war, als diese Coachings einem vorgaukelten. Wenn hoch qualifizierte, erfahrene Spezialisten, die vielleicht schon Familie haben und somit bereits privat und beruflich etabliert sind, urplötzlich merken, dass die eigene Karriere zu stocken beginnt, weil sie nicht selbst, sondern jemand von außerhalb eine Führungsfunktion erhält, dann kann dies unter Umständen ein Supergau für diese Person bedeuten. So habe ich denn auch schnell meine eigene Funktion neu definiert, denn warum sollte ich ausgerechnet jene Menschen, die unter Umständen schlauer waren als ich, mit irgendwelchen pseudointellektuellen Sprüchen beeindrucken, nur um meinen eigenen Führungsanspruch unter Beweis zu stellen?

Hierarchie ist so ein Thema …

Ich habe mich öfters gefragt, inwieweit das *Führen* in dieser Form notwendig ist, und kam zu keinem eindeutigen Ergebnis. Wie sollte eine Hierarchie aussehen und was ist dabei unabdingbar? Warum gibt es oft zu viele *Häuptlinge* bei vergleichsweise wenig *Indianern*? Sofern dahinter kein sozialer Gedanke steht, scheinen durchaus ein System und auch eine lange Tradition dahinter zu stehen, die nicht nur einen funktionalen, sondern durchaus einen kulturellen Hintergrund haben. So kann man in größeren Konzernen schon mal bis zu acht Führungsebenen zählen. Im Vergleich zu einem mittelständischen Familienbetrieb sind die strukturellen Unterschiede in der Hierarchie offensichtlich: der mittelständische Unternehmer spart sich so viele Strukturstellen wie möglich, denn er benötigt den direkten Durchgriff auf alle Ebenen, um seine Entscheidungen zügig durchsetzen und kontrollieren zu können. Letztlich ist es auch sein persönlicher Kapitaleinsatz, der eine direkte, bedingungslose Kontrolle und Verantwortung zur Pflicht macht.

Bei Aktiengesellschaften ist bekanntlich primär der Vorstand den Eignern verpflichtet, die ja schließlich Geld mit der Firma verdienen wollen. Die Kontrolle durch den Aufsichtsrat ist zwar mittelbar, aber was innerhalb der Vertragslaufzeit für strategische Entscheidungen getroffen werden, verantwortet in erster Linie der Vorstandsvorsitzende (CEO). Und so und nur so ist es zu erklären, dass ganze Konzerne plattgemacht werden konnten, weil letztlich gekaufte hochkorrupte Top-Manager freie Hand hatten, ohne dass Aufsichtsräte oder gar Politiker eingegriffen hätten – siehe *Mannesmann, Hoch Tief* oder *Höchst* – die Liste ist jedoch noch viel länger. Diese sogenannten *Übernahmeschlachten* mit Aktientausch sind oft nur Scheinkämpfe, um die Öffentlichkeit hinters Licht zu führen. In Wirklichkeit werden Absprachen getroffen und es fließt vor allem sehr viel Geld an den obersten leitenden Angestellten. Heute könnten die großen amerikanischen Softwarebuden wie *Google, Microsoft, Apple, Facebook* etc. ohnehin jeden Industriekonzern bzw. deren Boss kaufen, sofern dies in deren Portfolio passen würde. Ob das Sinn macht, ist die zweite Frage. Aber es zeigt die enorme Gefahr dieser asymmetrischen Ökonomie, die mehr und mehr von den kapitalträchtigen Softwareunternehmen und Banken gesteuert wird und nicht mehr von der produzierenden Industrie mit ihren vielen Beschäftigten.

Der *CEO* ist also der Libero und absoluter Herrscher einer Firma; sofern er seinen Job gut macht, partizipieren Mitarbeiter und Eigentümer von seinen Leistungen gleichermaßen. Sollte er aber seltsame Fantasien und Visionen haben, kann er problemlos einen ganzen Konzern versenken oder zumindest in eine Schieflage bringen. Bestes Beispiel: *Daimler*. Die Firma erwirtschaftete von Anfang an mit ihren Premiumfahrzeugen gutes Geld, sodass der Firma oft nachgesagt wurde, sie sei eigentlich eine Bank, die nebenher Autos produziert. Doch jenes erwirtschaftete Geld erzeugte auch Fantasien und Begehrlichkeiten bei Vorständen: man wollte plötzlich mehr und mutierte zum Flugzeugbauer, Raumfahrtunternehmen und Waschmaschinenhersteller. *MBB, AEG, Fokker* und *Dornier* freuten sich anfänglich, merkten aber schnell, dass das Management völlig überfordert war, um diesen komplexen Verbund noch zu managen, obwohl jede Firma – für sich betrachtet – ein Filetstück war. Ein Mischkonzern, der nicht aus eigener Kraft gewachsen ist, versagt in der Regel immer. Welche Synergieeffekte sollen denn zwischen einem Waschmaschinenhersteller, der Massenware optimal und preiswert produzieren muss, und einem Flugzeug- bzw. Raketenbauer entstehen? Schiere Größe allein bringt rein gar nichts, weil einfach die Synapsen fehlen, die auf allen Ebenen tatsächlich Synergien erzeugen könnten. Die verzweifelten Versuche, nur über das Top-Management den Laden zusammenzuhalten, scheiterten kläglich. Alle zugekauften Firmen wurden de facto plattgemacht und obendrein noch Tausende von hoch qualifizierten Arbeitsplätzen – von den versenkten Milliarden ganz zu schweigen. Auch *BMW* durfte mit dem Kauf von *Rover* seinerzeit Lehrgeld zahlen, lernte aber schnell dazu und rettete sich mit dem kultigen *Mini* und der später zugekauften Premiummarke *Rolls-Royce* ans sichere Ufer. *Daimler* wiederum handelte nach dem Motto *Einmal ist keinmal* und kaufte sich bei *Chrysler, SsangYong* und *Mitsubishi* ein. Das Ergebnis ist bekannt – wieder Milliardenverluste, doch die Verantwortlichen des *Mergers* hatten bereits ihr Schäfchen im Trockenen. Früher besaßen Banken und auch viele Gründerfamilien große Aktienpakete, die es ermöglichten, die Konzernleitung stringent zu kontrollieren und ein Stück weit zu steuern. Heute versuchen Ban-

119

ken nur noch mit Geld Geld zu verdienen, indem sie mit seltsamen Produkten und Derivaten an der Börse zocken. Die echten, gut geführten Familienkonzerne werden rarer und die frühere *Deutschland AG* gehört – dank politischer Fehlentscheidung – der Vergangenheit an.

Der Ausflug in die Welt der gescheiterten Konzernstrategien ist insofern wichtig, als der Spruch *Der Fisch fängt vom Kopf an zu stinken* seine Gültigkeit bis heute nicht verloren hat. Im Hinblick auf die klassischen hierarchischen Strukturen in Aktiengesellschaften, ist es für mich immer wieder erstaunlich, wie gering die persönliche Haftung eines Vorstandsvorsitzenden ist, im Vergleich zu einem Gesellschafter, der seine eigene Firma managen muss. Dies steht dazu noch meist im umgekehrten Verhältnis zu den persönlichen Einkommen: ein Vorstandsvorsitzender in einem normalen DAX-Konzern kassiert inzwischen Summen, die mit den Einkommen eines normalen Angestellten rein gar nichts mehr zu tun haben. Die Damen und Herren schielen natürlich gerne nach den USA, wo die Chefs ein Salär beziehen, das moralisch ohnehin nicht zu rechtfertigen ist und schon mafiösen Charakter hat.

Ein Vorstandsvorsitzender – und das sollte mehr ins Bewusstsein rücken – ist im Prinzip immer noch ein Angestellter, wie jeder Arbeiter am Band oder jede Sekretärin, nicht mehr und nicht weniger. Das Einkommen, das unter Umständen das mehr als hundertfache eines normalen Angestellten übersteigt, kann man niemals nur mit einer außergewöhnlichen Leistung rechtfertigen – andere Angestellte leisten schließlich ähnlich viel und verdienen nur einen Bruchteil. Daher sollten diese Gehälter dringend auf ein Normalmaß zurückgeführt werden. Die Methode der *leistungsbezogenen* Bezüge wie *Stock Options* etc. ist ohnehin ein Griff in die Motivations-Trickkiste, denn selbst höchste Chargen haben meist keine reale Handhabe, das Betriebsergebnis signifikant zu beeinflussen – warum sollen dann ausgerechnet sie eine speziellere Zuwendung erfahren? Entscheidend ist ausschließlich das Produkt selbst, das in seiner Preisstellung und Marktgängigkeit bestehen muss und diesen Beitrag leisten nun mal *alle* Beteiligten. So wäre es wesentlich fairer, bei guten Geschäftszahlen allen, bis hin zum Vorstandsvorsitzenden, eine proportionale Gewinnbeteiligung – am besten in Form einer Ruhestandsrücklage – zu gewähren. Natürlich sollen und müssen die Gehälter der verschiedenen Chargen und Leistungsträger entsprechend ihrer Verantwortung und Qualifizierung klar und markant abgestuft sein, aber immer so, dass in etwa eine lineare und keine exponentielle Steigerung zu den Vorstandsbezügen zustande kommt. Fantasien? – Die Japaner z. B. sind hier wesentlich konsequenter und stellen dennoch keine schlechten Produkte her. Ich habe kein Problem damit, wenn ein Zuckerberg seine Milliarden scheffelt, weil die ganze Welt ja *facebooken* will – es ist schließlich seine eigene Bude, aber ein angestellter *CEO* in einem Großkonzern kann doch mit ein oder zwei Millionen auch gut leben und braucht nicht das Zehn- oder Zwanzigfache.

Von der absoluten Richtlinienkompetenz des CEO zu den eigentlichen Hierarchieebenen … An einen Spruch kann ich mich noch gut erinnern: *Ein Konzern kann nie demokratisch geführt werden, sondern immer und grundsätzlich per Einzelentscheid der verantwortlichen Personen.* Natürlich wird beraten, präsentiert und vorgeschlagen, aber dann wird nicht durch Handheben von irgendwelchen Vasallen abgestimmt, sondern der Chef muss – wie schon beschrieben – eigenverantwortlich entscheiden. Eine hierarchische Struktur macht also Sinn, eine Frage stellt sich jedoch immer: Wie wäre sie denn optimal? Wer das wirklich wüsste, hätte wohl alle Trümpfe in der Hand …

In meiner realen Welt hat sich nicht viel verändert

Fest eingebunden in Strukturen und inzwischen gewitzt genug, um allen Gefahren von vornherein aus dem Weg zu gehen, stolperte ich weiterhin Tag für Tag in die Firma, grüßte jeden – auch jedes Arschloch – immer recht freundlich, frei nach dem Motto: *Er könnte ja eines Tages dein Chef sein.* Auch spielte ich immer häufiger mit den Gedanken, mich doch mal grundsätzlich zu *verändern*, aber wie und wohin? Ich verspürte plötzlich eine gewisse innere *Reife*, die ich nicht so recht wahrhaben wollte. Zählte ich eigentlich noch zu den *Jungen* oder wurde ich schon anders wahrgenommen?

Richtig – ich hatte die 40 erreicht! Die Schwaben z. B. sagen, man wird *gscheid* und bezeichnen das sogar als *Schwabenalter* – gut, dass ich kein Schwabe bin, dachte ich … Und doch wurde ich nachdenklich: Der prüfende Blick in den Spiegel signalisierte mir die beginnenden Geheimratsecken und ab sofort kämmte ich die Haare diskret stärker in die Stirn. Meine Figur zeigte verdächtige Rundungen an völlig falschen Stellen und wenn ich als Konsequenz daraus den Bauch einzog, erfuhr das Gesicht eine unnatürliche Rötung. Der Fall war sonnenklar: So konnte es nicht weitergehen. Joggingschuhe an und ab in den Wald. Doch da rannten schon unendlich viele verzweifelte Menschen in den besten Jahren herum, als ginge es um Leben oder Tod. Der Wald war voll von Läufern, die alle nur ein Ziel hatten: besser und schneller – halt so wie früher …

Ich reihte sich also ein in die Schlange und sprintete mit gewohnt jugendlichem Elan los. Bereits beim ersten Anstieg blickte ich jedoch urplötzlich dem Tod ins Auge – der Puls raste, ich hyperventilierte und um sich nicht sogleich zum Sterben seitlich in die Büsche legen zu müssen, drossele ich abrupt das Tempo. Die persönliche Erniedrigung folgte sprichwörtlich auf dem Fuße: Eine schnatternde

Damen-Jogginggruppe walzte an mir vorbei, ohne Notiz von mir und meiner tadellosen Haltung zu nehmen. Ich drosselte mein Tempo weiter in Richtung *Spaziergänger 60+* und tat so, als ob ich mal kurz die Natur bewundern wollte, während ich unentwegt von schnaubenden Joggern überholt wurde. Ich musste erleben, wie gut konditionierte Waldraser mich auf dem Parcours zweimal überholten. Es war einfach nur noch deprimierend …

Doch schnell erkannte ich mein *Problem*: es waren eindeutig die Schuhe. So rannte ich sofort zu einem Spezialisten, der mir superdämpfende hochpreisige Spezialschuhe empfahl, diese und nur diese erlaubten mir nun endlich aufzudrehen und den anderen zu zeigen, wo es zukünftig lang ging. Allein schon diese Wunderschuhe gaben mir beim Start ein absolut sicheres Gefühl, jetzt in einer ganz anderen Liga zu laufen und ein prüfender Blick auf die Schuhe meiner *Wettbewerber* bestätigte mir: Ich gehörte jetzt dazu. Leider wieder nur bis zur ersten Steigung – hier reichte offensichtlich die Dämpfung meines Schuhs immer noch nicht aus …

Doch schnell machte ich noch einen anderen, weitaus bedeutenderen Wettbewerbsvorteil meiner Kombattanten aus: Ich musste ja deutlich mehr Gewicht durch den Wald schleppen und eine derart schlüssige Erklärung entschuldigte mein Versagen ohne Wenn und Aber. Ein strenger Blick auf die Waage verschaffte Klarheit: Abnehmen war das Gebot der Stunde. Sofort wurde der Speiseplan modifiziert und die Gattin blickte etwas irritiert drein.

Nach drei bis vier Kilo Gewichtsreduktion schaffte ich wenigstens den Parcours, ohne die üblichen Pausen einlegen zu müssen, allerdings in einer Zeit, die immer noch jenseits aller Normen lag. Das Problem lag offensichtlich in der schlechten Abschätzung meiner realen Leistungsdaten – klar, dazu braucht man unbedingt eine vernünftige Stoppuhr, um diese ständig abrufen zu können. Den Uhrenfachverkäufer hat's gefreut und ein teurer Chronometer zierte ab sofort mein Handgelenk. So stoppte ich also meine Durchlaufzeit und freute mich tierisch, wenn ich mal 10 oder 20 Sekunden schneller lief. Ich hatte also wieder echte Ziele – z. B. schneller durch den Wald flitzen, wohl wissend, dass mein Getrabe, mit dem Speed der *Eliteläufer*, die mit ihren eng anliegenden Stretch-Anzügen, meist etwas hohlwangig, oft mit Zusatzgewichten beladen, nichts zu tun hatte. Aber bekanntlich ist der Weg das Ziel. Durch das häufigere Gejogge fingen jedoch bald meine Knie, die mir sonst nie Probleme bereitet hatten, an zu schmerzen. Auch meine Herzfrequenz verriet nicht Gutes – sie war eigentlich wegen meiner schlechten Kondition ständig zu hoch und schon fast ein Fall für den Kardiologen ... Aber dies alles wurde beharrlich ignoriert, denn ich war ja noch so *jung* und da sollte doch noch was gehen.

Zu dieser Zeit war auch Surfen angesagt

Surfen – eine weitere Chance, der Welt zu zeigen, wo der Hammer hängt. Leider gab es kein Surfverbot für 20-Jährige, sodass schon wieder eine unangenehme Wettbewerbssituation entstand: Die jungen drahtigen Burschen machten mit ihrem Board was sie wollten, während wir 40-jährigen Neueinsteiger – und ich war fürwahr nicht der einzige – sich doch etwas schwer taten.

Klar war sofort: es lag wiederum eindeutig am Material – doch da konnte man ja Abhilfe schaffen. Die Surfläden, die damals nur so aus dem Boden schossen, hatten für uns gesetztere Herren auch gleich das richtige Set parat. Kein antiquiertes *Verdränger-Board*, sondern – wenn schon – einen *Semi-Sinker*, mit dem man eine Art U-Boot-Start hinlegen musste. Dazu gehörte noch ein entsprechendes Rigg mit mindestens 6,5 m² Segelfläche.

Kleidungsmäßig war ein Neoprenanzug Pflicht, man sah darin zwar mehr als lächerlich aus – ähnlich einer übergroßen Schwarzwurst –, aber ohne ging es nicht. Und ein absolutes Muss war natürlich das Trapez, das der *sportliche* Surfer für die Gleitphasen bei Starkwind benötigte.

Mein allererster Surf-Versuch war dennoch eine einzige Peinlichkeit. Er ereignete sich an einem sonnigen Mittelmeerstrand mit viel Publikum, dem ich wohl seinerzeit eine einmalige Gratis-Show geboten habe: Ich fiel eigentlich unentwegt ins Wasser, stieg dann wieder mühsam wieder auf das wackelige Brettchen, um sofort wieder die Balance zu verlieren und – *Platsch!* – ging alles von vorne los. Als ich dann zufällig mal Halt an dem Gabelbaum fand, bewegte sich zu meinem absoluten Erstaunen das Surfbrett nicht vorwärts, sondern stetig rückwärts, bis ich mit meinem *Speedboard* in eine ausgewiesene Nacktbadezone geriet. Die hilfsbereiten Nudisten erkannten sofort meine Not, zögerten nicht lange, hielten mein Brett fest und stützten mich gleichzeitig, damit ich nicht gleich wieder kopfüber ins Wasser fiel. Das Bild bekomme ich heute noch nicht aus dem Kopf: Ich als Riesen-Gummiwurst wackelnd auf einem winzigen Brett und um mich herum Dutzende hilfsbereiter Nackedeis. Aller Anfang ist zwar schwer, aber manchmal auch recht peinlich.

Die Seen und Meere waren damals übervoll mit Surfern. Man konnte am Gardasee beinahe trockenen Fußes von Torbole nach Riva – wie weiland Jesus – laufen. Jeder glaubte es zu können, doch nur wenige waren auserwählt, *Powerhalsen* und *Wasserstarts* perfekt vorzuführen. Irgendwie hatte man ja Spaß an dieser Trend-Sportart, steigerte sich auch etwas in seinen Fähigkeiten und gab sich irgendwann, leicht resignierend, mit seinem durchschnittlichen Können zufrieden. An Stammtischen und im Kollegenkreis prahlte man umso mehr und erheischte entsprechende Bewunderung, wenn man von seinen *Gleitphasen* am Atlantik schwärmte.

Was geschieht plötzlich mit einem?

Wenn Sportlichkeit zur Maxime des Lebens emporgehoben wird, obwohl man sich jahrelang mit äußerst mäßiger Bewegung zufriedengab, was dann? Man agiert gegen seinen Körper, der ja eigentlich in allen Disziplinen noch recht gut funktioniert. Auch das Outfit findet man stark verbesserungswürdig – der Trend geht in Richtung *modisch*, was nichts anderes heißt, als etwas engere Hosen, die am Bund höchste Zugkräfte aushalten müssen. Man zieht bei der Anprobe schon mal betrügerisch den Bauch ein – passt doch … Auf diese Weise haben sich bei mir einige *Einweg-Hosen* angesammelt, deren *Lifecycle* über einen Tag nicht hinausging.

Doch nicht nur sein Äußeres findet man bedenklich, sondern auch die Psyche scheint angeknackst zu sein. Man wird etwas schwermütiger, nachdenklicher und eine gewisse Verunsicherung schleicht sich zu allem Überdruss auch noch ein. Ja wie, Alter – was ist los mit dir? Und plötzlich dämmert es: Man hat so ziemlich alles verpasst in seinem armseligen Leben: Karriere, Wohlstand und vor allem Frauen … Man wird unruhig und fragt sich: *Das kann es doch wohl noch nicht gewesen sein? Da war doch die Sekretärin von der Nachbarabteilung, die mir so einen sinnlichen Blick zugeworfen hatte – oder täusche ich mich da?*

Meine Dienstreisen häuften sich und somit auch Besuche in diversen Bars, die man *interessehalber* aufsuchte. Die etwas einschlägigen Damen waren allerdings nicht so ganz mein Ding, oder fehlte mir nur das Training? Der verzweifelte Versuch sich beweisen zu müssen, trug fast schon pathologische Züge. Doch wenn man es schaffte, *rein zufällig* an ein weibliches Wesen zu geraten, begann das Drama erst. Man meinte endlich die wahre Liebe und Leidenschaft, also eine Art jungfräuliche Edelprostituierte gefunden zu haben und tappte somit voll in die Falle, denn die Mädels wissen spätestens dann Bescheid, wenn man anfängt, enervierend ständig über Gott und die Welt zu diskutieren und dann meist ziemlich ungelenk zur Sache kommt – immer darauf bedacht, dem Ganzen eine möglichst *anständige* Note, als quasi moralischen Rettungsanker zu verleihen. Spät, oft zu spät erkennt der gereifte *Gentleman*, dass die Mädels sich äußerst ungern mit Problemen von verheirateten Männern auseinandersetzen, sondern – wenn schon – nur etwas Spaß haben wollen. So ist man schnell mal um eine Erfahrung reicher, aber der Mensch ist ja lernfähig …

In diesem Alter steigt bekanntlich die Anzahl der sogenannten *Aussteiger*, die nicht nur ihre Familien verlassen, sondern sogar ihren Job wegen einer Affäre hinschmeißen – eigentlich ein totales Desaster. Soweit reichte meine *Nachdenklichkeit* nie – lag vielleicht an meinem stabilen familiären Umfeld oder der konservativen Erziehung.

Doch Sport und *externe Kontakte* reichten mir immer noch nicht aus, sondern die instabile Psyche musste unbedingt analysiert werden. Einschläge Literatur, wie z. B. die von C. G. Jung, gab mir jedoch den Rest, da stand ja schwarz auf weiß, dass ab 40 das Leben praktisch am Ende ist, frei nach dem Motto: *Was Hänschen nicht lernt, lernt Hans nimmermehr* . Das war es dann wohl. Zusätzlich erfuhr ich noch etwas von *Traumdeuterei*, was wiederum jedem Horrorfilm zur Ehre gereicht hätte. Ich erkannte hierdurch recht schnell, dass ich offensichtlich kein *Fachmann* für Psychoanalysen war und warf nach ein paar schlaflosen Nächten das Buch in die Tonne.

Doch es gab Gott sei Dank noch eine weitere Chance, meine vermeintliche Instabilität besser verstehen zu lernen: Ich meldete mich flugs bei einem firmeninternen Seminar für autogenes Training an. Dieses war förmlich für mich geschaffen: Die Gruppe bestand zu 90 Prozent aus Frauen – meist leicht frustrierte Sekretärinnen, nicht mehr ganz jung, aber noch recht knackig. Und so *entspannten* wir uns zweimal wöchentlich gemeinsam in stundenlangen abendlichen *Übungen*. Wir lagen im Halbdunkel auf Isomatten, lauschten der sonoren Stimme der Trainerin bei gleichzeitigem Geplätscher und Gezwitscher aus einem Lautsprecher, hielten uns (gerne mal) an den Händen und fühlten uns dabei so richtig gut. So gewann ich ganz langsam meine alte Lockerheit zurück …

Das Thema *Midlife-Crisis* kannte ich seinerzeit definitiv nicht und doch würde ich heute nicht ausschließen, dass diesem Alter eine gewisse Veränderung anhaftet, die objektiv nicht greifbar aber subjektiv erlebbar ist. Es war meines Erachtens der erste bewusste Kampf gegen ein scheinbares Altern, aber nicht der letzte. So glaube ich heute sehr wohl, dass dieses Ankämpfen bis zum Finale anhält und in jeder Altersstufe auch sein Erfolgserlebnis in petto hat, frei nach dem Motto: *Geht doch.*

Nach der Midlife-Crisis

Nun widmete ich mich wieder intensiver meiner beruflichen Karriere, die ja bis dato alles andere als erfolgreich verlaufen war. Doch was gab es für Alternativen? Ab 40 bedeutete ein Firmenwechsel in der Regel auch Ortswechsel mit allen Konsequenzen, wie Hausverkauf, Schulwechsel für die Kinder und dann – nicht ganz einfach – muss man wieder einen neuen Bekanntenkreis aufbauen. Es war also immer eine Güterabwägung zwischen der Chance einen besseren Posten zu ergattern und dem Risiko, in der neuen Funktion zu versagen und gleichzeitig ein wirtschaftliches Desaster zu erleben.

Der Vorteil in einem größeren Konzern ist – neben der sozialen Absicherung – eindeutig der, dass innerhalb dieser Organisation die Möglichkeit einer personellen Veränderung zwangsläufig größer ist.

Ich blieb also weiterhin in der Firma und stieg in einer völlig anderen Sparte ein, von der ich definitiv keine Ahnung hatte – aber vor so etwas hatte ich seit meiner Schulzeit noch nie richtig Angst. Ich erhielt zwar wieder das gleiche Gehalt, hatte aber die Chance, irgendwann die nächste Führungsebene erklimmen zu können. Meine anfängliche fachliche Inkompetenz erinnerte mich schmerzhaft an meine ersten Berufsjahre in der Firma und erzeugte somit ganz schön Stress, zumal ich auch all meine neuen Vorgesetzten *überzeugen* bzw. *vollschleimen* musste. Dennoch zahlte sich meine Erfahrung in meiner früheren Gruppenleiter-Funktion jetzt voll aus, denn im Gegensatz zu meinem Vorgänger, ließ ich meinen neuen Mitarbeitern wieder freie Hand. Dies quittierten sie mir mit großer Loyalität, ohne deswegen den Job schleifen zu lassen. Interessanterweise coachten sie mich förmlich, damit ich sie auch fachlich in den oberen Etagen einigermaßen kompetent vertreten konnte – eine für mich völlig neue Erfahrung. Mein Vorteil war wiederum, dass ich mein eigenes angelerntes Fachwissen aus der früheren Tätigkeit einbringen konnte, von dem alle anderen keine besondere Ahnung hatten und mich dadurch auch nie so richtig einschätzen konnten.

Eines konnte ich in diesem Zusammenhang öfters beobachten: die panische Angst mancher Spezialisten vor fachlicher und personeller Veränderung. Damit meine ich nicht mich – ich war ja nie ein reiner Spezialist – sondern jene hoch qualifizierten Ingenieure und Wissenschaftler, die in ihrem Aufgabenbereich so gut wie alles beherrschten und sich trotzdem nie trauten, ihrem alten Job den Rücken zu kehren und mal frische Luft in einem anderen Bereich zu schnuppern. Oft blieben sie bis zum bitteren Ende ihrer beruflichen Laufbahn ihrem alten Bereich treu ergeben – der Firma war es recht und mir eigentlich egal.

Der eskalierende Ost-West-Konflikt der 80er-Jahre

Auch wenn die 80er sich politisch recht turbulent gestalteten, hatte ich in jener Zeit nicht das Gefühl, einer besonderen gesellschaftlichen Aufbruchstimmung beizuwohnen. Es gab zwar die üblichen Kriegshandlungen, wie der Anfang vom Ende Afghanistans, ausgelöst durch die Sowjets, und sogar die Briten wollten ihre *wichtigen* Falklandinseln unbedingt behalten und opferten gemeinsam mit Argentinien sinnlos Tausende junge Burschen. Auch im Nahen Osten legte man bereits die Lunte für das heutige Chaos.

Meine Generation übernahm jetzt mehr und mehr Verantwortung, doch in den obersten Etagen saßen immer noch die Altgedienten. In Deutschland hatten sich ein paar natur- und umweltbewusste Menschen zusammengetan, interessanterweise vorwiegend aus der konservativen Ecke kommend, um die Welt zu retten. Eine hehre Idee, die seinerzeit allerdings keinen politischen Erdrutsch zur Folge hatte. Insgesamt stand man der Rückbesinnung auf die Umwelt eigentlich äußerst aufgeschlossen gegenüber. Dies sagten sich auch die kampferprobten APOs, Marxisten und Kommunisten, die seit der Studentenrevolte keine richtige Plattform mehr fanden und schlagartig die allergrößten Naturfreunde wurden. Die erste Gründergeneration, die sich nach meiner Wahrnehmung eher defensiv verhielt, wurden flink von den Neu-Aktivisten, die fortan das Sagen hatten, weggeputzt. Die sogenannte *Basis* bildeten nach wie vor ziemlich unattraktive, Pullover strickende und Kleinkinder säugende Damen, die allein schon wegen ihres Äußeren jeden Kerl in die Flucht schlagen konnten. Warum sehen eigentlich diese Partei-Mädels bis heute derart schrecklich aus? *Atomkraft nein danke* wurde plakatiert, gelabelt und auf unzählige umweltfreundliche Plastik-Klebefolien gedruckt. Es gab wieder ausgemachte Feindbilder, diesmal sämtliche AKWs mit deren Endlagern, und man hatte nur ein Ziel, auch endlich am süßen Nektar des Parlamentarismus zu saugen. Und so geschah es, dass ein Herr J. Fischer zum ersten Landesminister der Republik gekürt wurde. Alle Welt war berührt, wie er als Vertreter einer neuen parlamentarischen *Alternative*, mit blütenweißen Turnschuhen und nagelneuen Lewis-Jeans, gegen den vorherrschenden Dresscode revoltierte – das war einfach *waaahnsinnig* toll ... Später, als er bevorzugt Maßanzüge trug, fand ihn sogar meine stockkonservative Mutter so nett, dass sie unentwegt seine Partei wählte – ich trug es mit Fassung ...

So empfand ich Deutschland in dieser Zeit als eine Art *geschlossene Gesellschaft*. Unsere Berufskabarettisten – heute *Comedians* genannt – sprachen alle pfälzisch, denn sie ahmten den *Dicken* nach und wir klopften uns begeistert auf die Schenkel. Es war eigentlich recht gemütlich in dieser Zeit, man konnte zwar die Regierenden nie so richtig leiden, da – außer F. J. Strauss – niemand den ernsthaften Versuch unternahm, dem *Chef* die Meinung zu geigen oder ihn gar in seiner Position zu gefährden.

Außenpolitisch – wie schon erwähnt – tobte das Wettrüsten, das mit dem *NATO-Doppelbeschluss* versuchte, Druck auf die Sowjets auszuüben. Dann kam *Gorbi* und die Welt behauptete, dass er das Wettrüsten verloren hätte und somit sein Sowjetreich auflösen musste. Ich bin da eher geteilter Meinung: die Sowjets besaßen doch alles, um einen Overkill jederzeit zu initiieren. Die Wirtschaft war halt derart desaströs, dass nur ein ökonomischer Strukturwandel einen Staatsbankrott hätte verhindern können. Die abtrünnigen Provinzen und auseinanderdriftenden Partner des Warschauer Paktes waren überdies für Russland nicht mehr beherrschbar. Andererseits beweist das Modell *China*, dass sogar unter strengster kommunistischer Herrschaft ein Kapitalismus funktioniert, der locker Hunderte von Milliardären ausspucken kann. Die Behauptung also, die Sowjets waren am Ende und *unser* Kapitalismus habe gesiegt, ist eine jener gefährlichen Fehlinterpretationen, die unser kapitalistisches Wirtschaftssystem zu eine Art Weltreligion verklärt. Doch dieser aberwitzige Irrglaube trägt jetzt bekanntlich seine bitteren Früchte ...

Gorbatschow wollte mit seiner Perestroika einen neuen liberalen Sozialismus praktizieren und wusste sehr wohl, dass sein korruptes Land dringend Reformen benötigte. Diese Öffnung – vor allem gegenüber dem Westen – war aber zugleich der Untergang seines Reichs, weil so ziemlich alle Versprechungen und Zusagen der westlichen Staaten nicht eingehalten wurden – einer der größten strategischen Fehler des Westens.

Insofern war die Wiedervereinigung tatsächlich ein Glücksfall, weil Kohl seinerzeit das richtige Händchen hatte und die Chemie zwischen ihm und Gorbatschow offensichtlich stimmte. So gelang zwar die Wende in Deutschland, die Sowjetunion ging aber samt Regierungschef unter. Unsere Historiker haben, je nach politischer Couleur, dazu sicher eine passendere Analyse parat ...

Durch meine eigenen beruflichen Kontakte hatte ich einen völlig anderen, und zwar wesentlich positiveren Eindruck von Land und Leuten gewonnen, als uns seinerzeit unsere Medien immer vorgaukelten. Die Menschen, die ich traf, waren in der Regel erstaunlich gut ausgebildet, sehr zugänglich und kannten und verstanden unsere deutsche Kultur inklusive unserer politischen Verhältnisse besser, als manch schlauer BRDler. Man muss eigentlich kein *Russland-Versteher* sein, um den neuen *Kalten Krieg* zwischen den Weststaaten und Russland desasträs und äußerst gefährlich zu finden.

Wir waren plötzlich *Sieger*

Sogar in allen Disziplinen: Zuerst die Fußball-WM mit dem daraus resultierenden Siegestaumel der ganzen Nation. Ich war von all den Fahnen schwenkenden Menschen auf allen öffentlichen Straßen ganz eigenartig berührt. Die Nationalfahne hatte für meine Generation absolut keinerlei Bedeutung, sie war uns eher peinlich, denn hier steckte ja das Wort *National* als Unwort drin. Man vermied ja auch bis dato so ziemlich alles was mit *Nation* zu tun hatte. Lieber sprach man von der *Bundesrepublik* oder von unserem *geteilten Land*. Bei der Nationalhymne kannte zwar jeder die Melodie, die Alten sangen zusammen mit Heino ohnehin nur *über alles* und wir wollten und konnten die dritte Strophe erst recht nicht singen – warum auch und für wen? Es wäre meines Erachtens effizienter gewesen, hätte man die erste Strophe mit ihrem *über alles* bestehen lassen und, um keine Bedenken unserer Nachbarn zu generieren, die alten *Reichsgrenzen* einfach etwas angepasst – also nicht mehr *von der Maas bis an die Memel*, sondern *von der Oder bis zur Neiße* – ging doch auch und wäre keinesfalls revanchistisch …

Nach diesem *Fahnenschock* folgte der nächste

Die *Wiedervereinigung* – wieder mit jeder Menge Fahnen –, die mich dann doch sehr berührt hat, weil ich ja von frühester Jugend an nur mit der *SBZ* bzw. *Zone*, der sogenannten *DDR* oder dem *Unrechtsstaat* konfrontiert war. Ein vom Westen derart negativ belegtes Land, das jetzt zu uns gehören sollte, war dann doch eine gewisse Herausforderung. Doch wie generös und gönnerhaft führten wir Westler uns dann auf, als ob ausgerechnet *wir* die Demokratie erfunden hätten? Die armen Ossis wussten nichts anderes, als ihr sauer erspartes Geld sofort in westlichen Konsum-Schnickschnack zu stecken. Sie kauften dem Westen so ziemlich alle Konsumgüter ab, die es früher nur in den Intershops zu kaufen gab, und obendrein die heiß begehrte Unterhaltungselektronik und unseren alten Gebrauchtwagenschrott, nur um nicht mehr mit ihrem Trabbi aufzufallen – ein Eldorado für jeden Dealer und Zocker. Natürlich hätte den verantwortlichen Westdemokraten klar sein müssen, dass der mitteldeutsche Staat bzw. dessen Bürger seit Adolfs Zeiten ununterbrochenen einem totalitären System dienen mussten. Und dass die sowjetische Siegermacht nicht zimperlich mit seinen Schutzbefohlenen umgegangen ist, hatte sich inzwischen wohl herumgesprochen. Im Vergleich dazu waren unsere westlichen Schutzmächte gnädig mit uns. Soll nichts anderes heißen, als dass der *Zoni* mit seiner Anpassungskultur an die Obrigkeit zwangsläufig anders strukturiert war als wir Wessis. Wir, die Guten, hatten mit unserer Konsumgesteuerten Gesellschaft, versehen mit engen demokratischen Leitplanken, immer die besseren Argumente auf unserer Seite. Während unsere Ostverwandtschaft sehnsüchtig unser Westfernsehen, als einzige *objektive* Informationsquelle konsumierte und den ganzen Schmarren obendrein auch noch glaubte, konnten wir uns ja einigermaßen kritisch damit auseinandersetzen.

Der Frust war gerade wegen der hohen Erwartungshaltung an unsere Westgesellschaft riesengroß, weil wir es nie verstanden haben, unserer armen Verwandtschaft in Augenhöhe zu begegnen, sondern immer – wie weiland die Amis in den 50er-Jahren – den reichen Onkel aus dem Westen vorgaukelten. Zu allen Überdruss wurde die gesamte Wirtschaft und Industrie der Ex-DDR in einer Form abgewickelt, die im Nachgang ruhig als katastrophal bezeichnet werden kann. Während sich Haie aus allen westlichen Ländern, unter der Aufsicht einer Partei-kompatiblen Bankierstochter, die Filetstücke der Staats-Unternehmen zu einem lächerlichen Spottpreis unter dem Nagel gerissen haben, fand man zwangsläufig für das Millionenheer der arbeitslos gewordenen Belegschaften nur lächerliche Arbeitsbeschaffungsmaßnahmen, die vorwiegend Zertifikate für Gabelstaplerfahrer oder die viel zitierten Computer-Kurse zum Inhalt hatten. Ich hatte manchmal den Eindruck, die ganze Ex-DDR fuhr nach der Wende nur noch mit Gabelstaplern herum und der verbliebene Rest durfte im Westen in der Billiglohn-Liga jobben. Aus meiner Sicht wäre es schlauer gewesen, die nach westlichen Maßstäben wahrlich unprofitablen Staatsunternehmen so lange unter staatlicher Aufsicht zu belassen und entsprechend zu finanzieren, bis sich derer wirklich geeignete Patenfirmen angenommen hätten. Eine staatlich subventionierte Sonderwirtschaftszone wäre unter ökonomischen Gesichtspunkten allemal intelligenter gewesen, als eine Industriegesellschaft, wie es die DDR nun mal war, einfach plattzumachen. Irland hat später doch vorgemacht, wie einfach man über Steuersubventionen Firmen ködern kann. So war der *Soli* nichts anders als ein verzweifelter Versuch, die zerstörte Industrielandschaft doch irgendwie wieder zum Blühen zu bringen.

Während wir uns Döner oder Hamburger reinpfiffen und glaubten, das Verzehren von Spaghetti oder *Pizza ai Funghi* beim Edel-Italiener zeige der ganzen Welt unsere großherzige multikulturelle Einstellung, suchten die Ostdeutschen ihre nationale Identität und glaubten diese in der guten alten D-Mark und beim großen Westbruder endlich wiedergefunden zu haben. Doch weit gefehlt; wir ließen uns nicht so ohne Weiteres umarmen, sondern hielten unsere Brüder und Schwestern ganz schön auf Distanz, denn diese ganze Deutschtümelei oder gar eine *deutsche Leitkultur* erzeugte unterschwellige Ängste, man könnte unter Umständen völlig falsch verstanden werden – wo wir doch allesamt bereits bekennende Kosmopoliten waren …

So war auch schnell ausgemacht, dass die Ossis keine richtige Vergangenheitsbewältigung betrieben hatten und somit in ihrem Innersten immer noch verkappte Nazis waren. Die braune Gefahr wurde auf diese Weise klar identifiziert und durch die brennenden Ausländerwohnheime dann auch schnell bestätigt. Auf diese Weise drückte die Westpresse selbstgerecht ganzen Landstrichen im Osten den Rassismus-Stempel auf. Das konnte natürlich nicht gut gehen, denn die ohnehin frustrierten ehemaligen Alt- und Jung-DDRler hatten keinen Bock auf moralische Vorhaltungen des satten Westens und zündelten fleißig weiter. In diesem Spannungsfeld wurde die Ostjugend nachhaltig polarisiert – NSU lässt grüßen. Man hätte es wirklich schlauer machen können und den Jugendlichen und ihren gezielten Provokationen mit mehr Intelligenz begegnen oder sich zumindest mal die Probleme anhören sollen. Der Druck wäre sofort aus dem Kessel gewesen, wenn man ihnen eine entsprechende Plattform, oder zumindest ein paar gute Jobs angeboten hätte.

Wir hatten im Westen doch durchaus auch so *nationale Phasen*: noch in den 50er-Jahren forderten sämtliche konservative Parteien vor den Wahlen auf riesigen Plakaten die nationale Einheit. *Oder-Neiße-Grenze niemals* hieß es, während das dreigeteilte Deutschland in den Grenzen von 1937 schwarz-rot-gold eingefärbt war. Da gab es neben vielen anderen Parteien noch die DRP, die *Deutsche Reichspartei* mit einem furchterregenden deutschen Adler und in den 60ern startete die NPD mit einem Herrn von Thadden an der Spitze. Wir hatten eigentlich genügend Zeit, das politische Trauma zu verarbeiten und die Alliierten ließen uns trotz ihrer *Re-Education* gewähren. Mein *Diercke Schulatlas*, den ich bis in die gymnasiale Oberstufe nutzte, zeigte Deutschland selbstverständlich in den Grenzen von 1937 und lediglich eine dünne Demarkationslinie trennte den *unter polnischer bzw. russischer Verwaltung* stehenden Ostteil des Landes. Ja sogar die Grenzen von 1914 wurden noch gestrichelt eingezeichnet. Waren wir deshalb Revanchisten? Wohl kaum. Wir wählten bekanntlich bereits in den 60ern die NPD in die Landesparlamente, als wir mit der wirtschaftlichen und politischen Lage nicht so recht zufrieden waren. Die NPD verschwand und die REPs kamen in den 90er-Jahren, als die damalige Asylpolitik Unbehagen bei der Bevölkerung auslöste. Die Angst der Politiker war damals so groß, dass sie – im Gegensatz zu heute – zügig die Asylgesetze änderten.

So ist es für mich nicht verwunderlich, dass sich unsere Ossis, bedingt durch die langen fremdbestimmten Jahre, nach einer nationalen Identität sehnen, die wir schlauen Wessis schon längst abgehakt haben. Und jetzt reibt man sich immer wieder die Augen, wenn sich Teile des normalen Bürgertums in Dresden bei den PEGIDA-Demos zusammenschließen, um gegen irgendwelche Moslems zu protestieren, obwohl sie doch eigentlich – wie wir Wessis auch – gemütlich vor dem Fernseher sitzen und ihr Gehirn durch die zehnte Wiederholung eines schwachsinnigen Tatorts erweichen lassen könnten.

Privat, im kleinen Kreis sind wir natürlich durchaus einer Meinung, aber wie kann man nur öffentlich – ist doch wirklich peinlich …

Unsere Politiker und Historiker sehen doch gerade, wie durch die gewaltigen Flüchtlingsströme ausgelöst, innerhalb der EU der halbe frühere *Warschauer Pakt*, gestärkt durch Volkes Wille und ohne uns Rest-Europäer groß um Erlaubnis zu fragen, seine Grenzen wieder dichtmacht und unsere Ex-DDRler dürfen zu ihrem Leidwesen da nicht mehr mitmachen. – *La vie est dure* …

So endet mein Ausflug in das epochale Ereignis unserer Wiedervereinigung eher mit einer gewissen Skepsis. Wir haben unsere nationale Identität zurecht wiedergewonnen und dann viel zu schnell und unbedacht einer übergroßen globalen und europäischen Idee untergeordnet, die nun von einem überforderten Apparatschik in Straßburg und Brüssel zu Grabe getragen wird.

In den 90er-Jahren erlebte ich durch den Wegfall des *Eisernen Vorhangs* eine starke positive Aufbruchstimmung. Man fuhr mal schnell durch Tschechien, brauchte nur noch seinen Personalausweis vorzeigen und schauderte leicht beim Gedanken daran, dass hier einst die bösen Kommunisten hausten … Aber auch dort war die Erwartungshaltung hoch – viel zu hoch – und so standen die Verlierer von Anfang an fest: Es waren vornehmlich wieder die kleinen Leute, die sich weder wehren noch helfen konnten, weil auch dort die Sozialsysteme nicht mehr griffen. Dafür brachte ein widerlicher Raubtierkapitalismus eine Schicht von Neureichen hervor, die den überforderten Staat regelrecht auslaugten. Die Prostitution nahm dermaßen überhand, dass einen das Gefühl beschlich, sämtliche tschechischen Mädchen zwischen 18 und 28 stünden am Straßenrand. Um ehrlich zu sein, fand ich das gar nicht mehr so lustig.

Das Strohfeuer der BRD-Wirtschaft nach der Ostöffnung erlosch rascher als manchem Politiker lieb war und somit hoffte man inständig auf die Wirkung des *Solis*, der den *blühenden Landschaften* auf die Sprünge helfen sollte. Nachdem jeder solvente Westbürger auch noch das verlockende Angebot einer hoch subventionierten Ost-Immobilie ergriffen hat, die dann gerne irgendwo im Niemandsland stand, dämmerte es manchem dieser Investoren doch relativ schnell, dass das Risiko ausschließlich auf seiner Seite lag. Wie sollten auch die Ostdeutschen, die man doch so zügig aus ihren Fabriken geworfen hat, mit ihrem neu erworbenen Gabelstaplerführerschein plötzlich unsere hohen westlichen Fantasie-Mieten bezahlen? Die Ernüchterung war groß und die Anzahl der westlichen Pleitiers auch.

Arbeit in gewohntem Umfeld

So war ich doch recht froh, meiner Arbeit in gewohntem Umfeld ohne besonders große Existenzangst und ohne einen Gabelstaplerführerschein weiter nachgehen zu können. Meine Karriere, deren flacher Gradient ziemlich konstant blieb, stagnierte nach Erreichen einer *Hauptgruppenleiterstelle* eine Zeit lang. Dies machte mich nicht gerade glücklicher, da ich den einen oder andern Kollegen aus meiner Anfangszeit plötzlich in leitender Führungsfunktion entdecken musste, was für mein inneres Gleichgewicht nicht gerade förderlich war. Ich hatte selbst doch auch Dutzende von Seminaren und Coachings absolviert und dann entdeckte plötzlich das eine oder andere Arschloch, das jetzt im Kasino mit Bedienung und Stoffserviette futtern durfte … Diese Art von Schmerz bohrt sich tief in die Seele, obwohl man weiß, dass die Luft nach oben immer dünner wird.

Gerade in den Seminaren lernt man ja so einiges …

Ich durfte einst im Rahmen einer Weiterbildung ein sogenanntes *Konflikte-Seminar* besuchen. Das war dann schon richtig aufschlussreich. Der Teilnehmerkreis war gut durchmischt, d. h. Damen und Herren waren in etwa gleich stark vertreten. Wir wurden ausschließlich von Psychologen betreut, zu deren Einheitsdress – offensichtlich als therapeutische Notwendigkeit – ein lila Pullover gehörte. So mussten wir – themenbezogen – zuerst mal von unseren persönlichen Konflikten innerhalb unseres Berufslebens berichten. Ich hatte keinen echten Konflikt parat und erfand daher einfach schnell ein Problem: *Warum bin ich nicht schon längst Direktor?* Die Psychos waren davon allerdings nur mäßig beeindruckt.

So wurde jeder Konflikt coram publico ausgebreitet, analysiert und diskutiert. Die Mädels fingen dann gerne mal an zu heulen, doch wir Jungs trösteten sie im Anschluss mit unserer ganzen Empathie während des abendlichen Saunagangs. Es folgten ausgiebige Spaziergänge durch Wald und Flur und ein jeder trug beinahe stolz seinen persönlichen Konflikt wie eine Monstranz vor sich her.

Die anschließende *Mal-Therapie* war dann schon wesentlich aufschlussreicher: wer kennt sie nicht – die Musterschüler in den Seminaren, die gerne mal auch Tipps an ihre Trainer weitergeben, die alles, aber auch alles richtig machen. Ein Vorbild an Wissen, Verständnis und Führungsqualität – ein echter Performer also. So malte auch hier ein solcher Aspirant auf dem Flipchart seine *Gefühle* mit den richtigen Farben und Schattierungen, den so wunderbaren *weichen* Übergängen – das Bild wäre sicher eine Sensation auf jeder Vernissage gewesen. Volle Punktzahl und wir schwiegen betreten in Demut …

Ein anderer Kandidat, der von Anfang an den Kurs als *scheiße* empfand und dies zum Entsetzen aller Teilnehmer auch noch kundtat, ging seine Aufgabe am Flipchart etwas aggressiver an: Er malte mit schwarzer Kreide lauter Zickzack-Linien – ähnlich schwarzen Blitzen – bis das Flipchart rabenschwarz war. Ich musste unwillkürlich grinsen, denn ich wusste, der Kerl hatte Format. Das Plenum sah es allerdings ganz anders: eindeutig spiegelte sich in dem Bild sein wahrer Charakter wider und man beriet, ob es nicht besser für ihn wäre, wenn man ihn in eine möglichst geschlossene Verwahranstalt einweisen würde. Die Psychologen führten im Anschluss mit ihm noch ein Einzelgespräch, aber der Kandidat war offensichtlich nicht mehr therapierbar. Natürlich habe ich mich sofort mit dem Kollegen zu einem abendlichen Bier getroffen, denn dieser Bursche hatte echt den Mut, ein ganzes Seminar vorzuführen, ohne dass die Profis dies durchschaut hätten. Ihm war es vollkommen egal, dass man ihm

Defizite bescheinigte, er hatte eine Familie mit Kindern, die er umsorgte, und menschlich stufte ich ihn in die Premiumklasse ein.

Ganz anders unser *Good-Fellow-Kandidat*: Als ich – zurück in der Firma – zufällig einen seiner Mitarbeiter interviewte, wie er denn seinen Chef so empfand, erfuhr ich, dass er tatsächlich immer nett und freundlich sei – nur halt ein richtig freundliches Schwein … Ich wusste Bescheid und meine Vorurteile allzu freundlichen Menschen gegenüber hatten sich wieder mal bestätigt.

Die Wochen und Monate zogen dahin

Ich rückte auf der Alterspyramide immer weiter nach oben, ohne dass sich in meinem persönlichem Fortkommen etwas tat. Ich war inzwischen zum *Stellvertreter* avanciert, aber das ist so ziemlich die mieseste Rolle, die man sich vorstellen kann. Man ist so eine Art Geschäftsführer, der für das ganze operative Ergebnis geradestehen muss, hat aber keinen einzigen Freund mehr in der Mannschaft, weil man zwangsläufig viel zu nah am Chef arbeitet. Andererseits ist man dann wiederum der größte Idiot beim *Alten*, wenn mal was schief läuft. Außerdem gibt es jede Menge unbezahlter Überstunden und man muss natürlich *buckeln* – einfach niederschmetternd. Die privaten Ausgleichsmöglichkeiten waren ohnehin eingeschränkt, auch hier stand man ja stets unter Aufsicht … So häuften sich meine Dienstreisen in ferne Länder und erweiterten meinen Horizont.

Zu dieser Zeit bot die Firma äußerst attraktive Ruhestandsbezüge für leitende Führungskräfte an und so geschah es, dass man mich zum neuen Chef auserkor, nachdem mein Vorgänger – zu meiner Überraschung – aufgrund des Angebots die Segel gestrichen hatte.

Es durchströmte mich kurzzeitig ein Glücksgefühl, bis ich realisierte, zwar jetzt einem Chef weniger dienen zu müssen, doch der Nächste lauerte schon weiter oben. Dieser bläute mir auch sofort ein, was ich jetzt für eine *Verantwortung* zu tragen hätte und signalisierte mir somit, dass er gefälligst mit meinen Problemen absolut nichts zu tun haben wolle. Ich habe sofort verstanden und examinierte – zur inneren Auflockerung – erst mal meine neue Sekretärin – ein loyales hübsches Mädel.

Mein neues Büro, das ich bezog, hatte ein exakt vorgeschriebenes Interieur: großer Schreibtisch, Besprechungstischchen mit vier Stühlen, ein Sideboard, einen Pflanztrog mit undefinierbarem Grünzeug und ein Bild – Motiv: *Moorlandschaft ...* Entscheidender neben einer Sekretärin – *Wen darf ich bitte melden* – war natürlich ein ordentlicher Dienstwagen inklusive Tankkarte. Auch beeilte sich das Personalwesen, mir meine neuen Bezüge inklusive Tantiemen und Ruhestandszusagen mitzuteilen. Es wurde mir jetzt doch etwas wärmer ums Herz und ich fühlte mich so richtig als Mensch, der in Zukunft nur noch Gutes tun wollte.

Dennoch kam ich an einem weiteren Coaching nicht vorbei. Ich sollte nochmals – und jetzt richtig – führen lernen. So musste ich denn wieder antanzen und zusammen mit anderen edlen Menschen völlig neue Führungstechniken erlangen. Zu meinem Erstaunen war ich beileibe nicht mehr der Jüngste unter den Teilnehmern, sondern zählte zum ersten Mal in meinem Leben eher zu den älteren Semestern. Es gab zahlreiche Jungkarrieristen, die allesamt über diverse Assistentenstellen bei Vorständen offensichtlich genügend Erfahrung gesammelt hatten, um sofort in verantwortliche Führungsfunktionen zu gelangen. So erkannte ich schnell, dass so ein Seminar doch recht lehrreich sein konnte. Wir wurden wieder trainiert, es wurde diskutiert und natürlich kamen wieder die altbekannten Rollenspiele zum Einsatz, diesmal unter etwas komplexeren Rahmenbedingungen. Wir verbogen uns bei Fitnessübungen und entspannten uns beim autogenen Training, was ich bekanntlich schon perfekt beherrschte … So entstand der gewollte Korpsgeist, der zukünftig auch das Miteinander in der Firma begleiten sollte.

Ich speiste jetzt im gediegenen Kasino und wenn ich Glück oder Pech hatte, saß ich neben einem Vorstand und versuchte dann verzweifelt mein Essen möglichst ohne Kaubewegungen hinunterzudrücken. Die Frage *Wie geht's?* erzeugte geradezu Glücksgefühle – ich wurde erkannt, war das nicht wunderbar? Das Selbstwertgefühl erreichte wieder neue Höchststände, denn man war ja schließlich wer … Chefs, die mich vorher nur knapp grüßten, klopften mir nun jovial auf die Schulter und wechselten gerne ein paar Worte mit mir – wir waren ja jetzt auf derselben Ebene. *So läuft das also in den oberen Etagen*, dachte ich, warum nicht gleich so?

Doch man soll bekanntlich den Tag nicht vor dem Abend loben und so lernte ich auch schnell, dass diese Nettigkeiten und Zuwendungen nur einem Zweck dienten: Verantwortung für alles und jedes auf mich abzuwälzen. Das war beileibe weniger die Personalverantwortung – die beherrschte ich locker, weil mir Menschenführung irgendwie mehr Spaß machte, als die Verantwortung für einen Geschäftsbereich den ich zwar kannte, der aber ständig unter Beschuss von konkurrierenden Bereichen lag und für den ich jetzt den alleinigen *Watschenmann* spielen durfte. Ich kapierte jetzt, warum mein Vorgänger so gerne mit seinem Stellvertreter kooperierte und machte es ihm nach. Ja, diese *Verantwortung* hat so ihre Tücken – entweder man mag sie, oder drückt sich davor. Mir persönlich kam diese *verantwortliche* Funktion in sofern entgegen, weil sie ein Stück Unabhängigkeit bedeutete – eine sogenannte *Berichtsebene* weniger, mehr Gestaltungsfreiheit und vor allem hinaus in die weite Welt. Um ehrlich zu sein, war dies wohl das prägendste Element meiner beruflichen Laufbahn: international tätig sein zu dürfen. Von Afrika bis Sibirien sowie alle arabischen und asiatischen Länder inklusive China und natürlich Nord- und Südamerika waren jetzt meine neue Welt.

Mein finales Fazit dazu: die Welt und vor allem die Menschen sind eigentlich viel normaler und friedlicher, als man denkt, und definitiv ganz anders, als die Nachrichten uns ständig weismachen wollen.

Die meisten Kriege werden von außen befeuert

Insbesondere Bürgerkriege in den Schwellenländern werden gerne und meist von außen befeuert. Wenn es dann anfängt zu brennen, versucht der Westen unter dem Begriff *Demokratie für alle* die archaischen Strukturen in Ländern, deren Traditionen Tausende von Jahren zurückreichen, wegzubomben, in dem Glauben, den dort lebenden Menschen auf diese Weise die westlichen Errungenschaften und Kultur schnell und eindrücklich näherzubringen. Die Länder im Vorderen Orient, deren synthetische Landesgrenzen fixe Beamte nach dem Ersten Weltkrieg, im Rahmen der neuen Friedensordnung des *Versailler Vertrags*, ganz im Sinne der Alliierten mit dem Lineal gezogen haben, konnten seit jener Zeit nur durch gnadenlose Despoten zusammengehalten werden. Und jetzt fliegt dem Westen alles um die Ohren, weil wir in reiner Selbstüberschätzung zwar jene Diktatoren allesamt entsorgt haben, aber nie kapierten, wie diese Länder bzw. die diversen Stämme mit ihren unterschiedlichen Glaubensrichtungen eigentlich ticken.

Als ich nach dem ersten Golfkrieg in Jeddah durch verschiedene Suqs lief und des Öfteren amerikanische GI-Mädels mit kurzen Shorts zwischen vollverschleierten Saudi-Frauen herumtippeln sah, war mir sofort klar, dass diese Art von kultureller *Bereicherung* sehr böses Blut verursachen kann. Jetzt zerbersten viele Länder, dank ihrer totalen *Befreiung* durch den Westen, und die völlig desorientierten Menschen in den Regionen zerstören zu allem Unglück jetzt ihre eigene Infrastruktur, indem sie sich gegenseitig, mithilfe unserer westlichen Kriegstechnik und ihres Gottes systematisch in das gute alte Mittelalter zurücksprengen. Dort wieder angekommen, galoppieren sie auf Mohammeds Spuren durch die Wüste und neuerdings auch durch unsere Innenstädte. Und gleich hinterdrein marschiert der Rest der Bevölkerung in Armeestärke just in jenen Ländern ein, die sie doch gerade von allem Übel *erlöst* haben. Hier angekommen, sollen sich die Armen allen Ernstes in eine Gesellschaft von Ungläubigen integrieren – wie das gehen soll, weiß allerdings niemand. Außer *Alimentieren* fällt mir keine andere Möglichkeit ein – klingt leider nicht so hoffnungsfroh und entspricht wohl auch nicht unserer *Political Correctness* ...

Die Politiker verhalten sich hierzu ohnehin hilflos wie kleine Kinder und die Bevölkerung schaut vorwiegend paralysiert zu. Doch da winken ja auch *positiv denkende Mitbürger* mit kleinen und großen Empfangs-Fähnchen, wie früher beim Besuch von Staatspräsidenten, und zeigen gerne originelle Transparente oder schenken seltsame kleine Stofftiere, die der irritierte Araber sicherheitshalber gleich wieder ins nächste Klo wirft.

Eine leicht pyknische Regierungschefin, die offensichtlich aus ihrer reichhaltigen Erfahrung mit einem Obrigkeitsstaat schöpfen kann, behauptet steif und fest, das sei allein der demokratische Wille des Volkes, das hier doch *so wunderbar menschlich* handelt und stammelt im Nachsatz irgendwas von *schaffen* ... Wir – als Souverän – wundern uns zwar leicht, dass dies alles in unserem ureigenen Interesse geschieht, aber vermutlich sind wir einfach nicht mehr in der Lage, die derart komplexen nationalen und internationalen Zusammenhänge nur ansatzweise zu verstehen ...

Und so mutiert ganz offensichtlich unser heutiger demokratischer Parlamentarismus zu einer Art *Einheits-Parlament* (nicht zu verwechseln mit *Einheitspartei*), da sich die klassischen Eckwerte einer konservativen, sozialen oder liberalen Weltanschauung auf eine Weise vermengen, die in einem arithmetischen Mittelwert politischer Gleich-Meinung mündet, die anschließend nur noch von den jeweiligen Parteien *etwas differenzierter* gegenüber ihren eigenen Stammwählern interpretiert werden muss – eigenartig …

Es geht im Prinzip nicht darum, ob linke oder rechte Mehrheiten obsiegen und entsprechend ihrer Couleur bzw. dem Mehrheitsentscheid der Bürger politisch handeln, sondern ob die Parteien überhaupt noch klar identifizierbar sind. Diese große Koalition der *As-well-as-Demokratie* entmündigt uns Bürger restlos und das ist nicht nur äußerst bedenklich, sondern sogar gefährlich! *Beatum Helvetia …*

So waren rückblickend, im Vergleich zur Jetztzeit, die 90er-Jahre doch ein Jahrzehnt des Aufbruchs, einer neuen Offenheit und der Begegnungen.

Meine eigene Persönlichkeitsentwicklung

war auch so ziemlich abgeschlossen. Die Erfahrungen, die ich im Laufe der Jahre gemacht hatte, kumulierten leider manchmal zu einer gewissen *Besserwisserei*, wobei die Eindrücke, die ich bei vielen Auslandsreisen gewonnen habe, durchaus prägend für mich waren.

Das Spielchen, ein junger dynamischer Typ zu sein, wich zwangsläufig einer gewissen Seniorität. Diese hatte auch große Vorteile, denn man konnte sich Sprüche erlauben, die man einem jungen

Menschen nie verziehen hätte. Hinter der Rubrik *Altersmilde* ließ sich einiges verstecken, obwohl man in den Entscheidungsprozessen deutlich härter und kompromissloser wurde.

Diese Jahre waren also die *etablierten* Jahre

Es folgten bessere Dienstwagen und Verhandlungen mit Geschäftspartnern fanden nur noch auf der obersten Ebene statt, was der kleine *Ego* in mir äußerst gerne sah … Man wurde ständig hofiert und gerne hätte man mich mit kleinen *Nettigkeiten* auch korrumpiert. Es ging also nicht mehr nur um Ehre, sondern knallhart um die Kohle. Dies hat mir zugegebenermaßen auch Spaß gemacht, weil ich ja nicht auf der Bittstellerseite buckeln musste, sondern auf der Geberseite den *Generösen* spielen und überdies einen großen Konzern vertreten durfte.

Doch jede Medaille hat bekanntlich zwei Seiten und so wusste ich immer, dass Aktiengesellschaften stets gewinnorientiert operieren.

Die Gewinne wurden nicht nur gemacht,

sondern sollten auch maximiert werden. Um dies zu erreichen, setzte man nicht nur die Führungskräfte unter Druck, sondern man bediente sich neuer Strategien bzw. Prozesse, die gerne von außen herangetragen wurde.

Als die Geschäfte mal nicht mehr so liefen wie gewünscht – was eigentlich fast ausschließlich an der schlechten Weltkonjunktur lag – holte man *unvoreingenommene* Berater von außerhalb in die Firma, die dann einen *anderen Blick* auf die Abläufe innerhalb des Konzerns werfen sollten. Meist waren dies amerikanische Beratungsfirmen wie der bekannte *McKinsey*, die jetzt *aufräumen* sollen. Natürlich verdienten sich diese Analysten dabei eine goldene Nase, da sie ja stets am *Erfolg* der Ertragsverbesserung beteiligt waren. Die Strukturen dieser *Helfer* waren denen der Scientologen nicht ganz unähnlich: die Basis bildeten hoch motivierte und auch hoch qualifizierte junge Leute, meist frisch von der Uni, mit einem Erfahrungshorizont nahe null, die ausschließlich für den operativen Teil der Aktion verantwortlich waren. Die höheren Chargen hielten sich vornehm im Hintergrund und kommunizierten vorwiegend auf der Vorstandsebene. Sie waren es auch, die ausschließlich am *Ergebnis* beteiligt waren. Die Methodik dieser Analysten war recht schlau und im Prinzip ganz simpel: Mit einem vergleichsweise geringen Personaleinsatz konnten kleine Gruppen dieser Berater ganze Bereiche steuern, weil sie – autorisiert vom Vorstand – jeder noch so hochstehenden Führungskraft per Dekret Anweisungen geben durften. So etwas schafft gewollte Verunsicherung und geht jeder etablierten Führungskraft durch Mark und Bein – eigentlich eine recht originelle Methode. So weit so gut, nur stellt sich einem schnell die Frage, wie erfolgreich die ermittelten Potenziale validiert werden konnten, um eine Erfolgsbeteiligung der Analysten zu rechtfertigten? Das war dann immer der springende Punkt: die *Millionen* an Einsparpotenzialen waren ja grundsätzlich erst mal Hausnummern, die nur unter bestimmten Voraussetzungen erwirtschaftet bzw. eingespart werden konnten. Dazu kam, dass der Zeit- und Personalaufwand während der Aktionen teilweise so hoch war, dass wichtige Arbeiten einfach liegen geblieben sind und somit als Verlust zu Buche schlugen. Die Unternehmensberater agierten ja als reine Moderatoren, die nach einem vorgegebenen Drehbuch (Fragebögen etc.) ihre Analyseeinheit steuern mussten. Die eigentliche Knochenarbeit musste ausschließlich die Stammbelegschaft leisten. Es lag daher doch immer wieder am Geschick jeder Führungskraft, schnell ein paar Schein-Potenziale auszuweisen, die nie so recht überprüfbar waren und dennoch als *Lösung* akzeptiert wurden, um nicht ganz aus dem Arbeitsprozess zu geraten.

Rückblickend empfinde ich zweierlei: Diese von außen moderierten Selbstanalysen zur Ermittlung von Einsparpotenzialen brachten – objektiv betrachtet – nur mäßigen Erfolg. Die dadurch hervorgerufenen Verunsicherungen innerhalb festgefahrener Strukturen sehe ich wiederum recht positiv, da gerade in großen Konzernen manche Strukturen und Organisationen wuchern, deren Funktion und Effizienz niemand so recht mehr einordnen kann – auch der Vorstand nicht. Offensichtlich funktionieren die Selbstreinigungskräfte in großen Organisationen immer schlechter, je größer diese werden, und so handelt man nach dem *Prinzip Hoffnung*, wenn die Konzernleitungen Unternehmensberater wie *McKinsey* & Co. ins Haus holen.

Mir persönlich wäre die härtere Variante, eine *innere Revision*, wesentlich sympathischer gewesen. Was hätte das oberste Management daran gehindert, bis hin zur untersten Führungsebene klare Vorgaben zu machen und Ross und Reiter zu nennen?

20 Prozent Budget- und Personalkürzungen innerhalb eines fest vorgegebenen Zeitraums wären per direktem Dekret absolut kein Problem gewesen, wenn diese für ausnahmslos *alle* Bereiche gegolten hätten. Man argumentierte zwar gerne dagegen – *Gießkannenprinzip geht gar nicht* –, aber dieser Argumentation zu folgen, war gerade einer der schwerwiegendsten Fehler, denn sämtliche Strukturen konnten ja oft nur wegen solcher *Gießkannenbudgets* so anschwellen – also kann man solche Sümpfe nur durch ähnliche Methoden auch wieder trockenlegen.

Jeder Bereich hat in der Regel seine Existenzberechtigung und ein Wachstum hinter sich, doch wie *wichtig* und mächtig er tatsächlich noch sein darf, ist die berühmte Gretchenfrage, die von einer funktionierenden Führungsmannschaft locker beantwortet werden könnte, wenn sie denn nicht Angst hätte, selbst dabei unter die Räder zu kommen. Hier spielen Macht und Geld die Hauptrolle und nicht so sehr das Betriebsergebnis, wohl aber der Betriebsrat, vor dem letztlich alle Respekt haben.

So habe auch ich immer *geliefert*, möglichst ohne selbst Schaden zu nehmen ...

Doch es kam noch schlimmer

Eine findige Beratergruppierung erfand das neue, *wahre* Management – es wurde *TQM* getauft und sollte revolutionäre Neuerungen hervorbringen. *TQM* hieß *Total Quality Management*. Ja, *total* – da war es wieder, das Lieblingswort aller Deutschen, jetzt wieder in einem ganz modernen Umfeld in aller Munde. Die gesamte deutsche und Teile der europäischen Industrie hatten sich nämlich *TQM* auf die Fahnen geschrieben und – wie kann es auch anders sein – wir marschierten wieder voran ...

Die Werktätigen legten Hammer und Zirkel beiseite und lauschten begeistert den Worten der Erneuerer. Große Arenen reichten teilweise nicht aus, um die ganze Belegschaft gleichzeitig zu *motivieren*. Vorstände traten wie kleine Schulbuben an, nur um zu zeigen: *Wir gehören doch alle zusammen.* Verstohlen drückte man dann eine Träne weg, man war einfach nur noch gerührt. Irritierend war höchstens, dass bei derartigen Veranstaltungen just wieder jene Figuren die Oberhand hatten, die man eigentlich eher der allseits bekannten *Arschlochliga* zuordnete. Aber man war dennoch uneingeschränkt frohen Mutes, den Aufbruch in eine neue Welt zu *schaffen*.

Lustig war auch die neue Besprechungskultur: Es reichte nicht mehr aus, sich in großen Gesprächsrunden per Handzeichen, oder indem man bei passender Gelegenheit das Wort ergriff, bemerkbar zu machen. Ganz falsch! Jetzt gab es bunte Meldekärtchen mit einer farbgemäßen Bedeutung.

Orange: *Ich möchte bitte, bitte einmal was sagen.*

Grün: *Ich stimme zu und finde alles toll hier.*

Rot: *Ich wollte gerne auch mal was sagen, durfte aber nie und bin jetzt voll dagegen ...*

Da braucht man richtig Fantasie, um sich das vorzustellen: Wenn gereifte Entscheidungsträger in den holzgetäfelten heiligen Konferenzräumen zusammenkommen und sie, bevor überhaupt etwas passiert, zuallererst die auf dem Besprechungstisch zuhauf gestapelten bunten Melde-Kärtchen aussortieren müssen. Da war sie wieder, die Erinnerung an meine Kindergartenzeit. Ich nahm vorsichtig meine bunten Kärtchen an mich und beobachtete klammheimlich die Eingangstür, ob nicht gleich meine Klosterfrauen mit einem Teller undefinierbaren Breis in der Hand erscheinen und mir die fristlose Entlassung androhen würden, wenn ich nicht aufäße – doch zu meiner großen Erleichterung geschah nichts ...

Jeder Besprechung wohnte auch so eine Art Politkommissar bei, dessen Aufgabe darin bestand, Formfehler in der neuen Besprechungskultur auszumerzen. Diese von der Unternehmensberatung zuhauf gecoachten Kommissare und Multiplikatoren, betrieben ihre eigene Regelkommunikationen in eigenen Räumlichkeiten, um ständig die erzielten Erfolge zu feiern.

Und *großartige* Erfolge gab es nun wirklich. Beispiele gefällig? Da erhielt ein Abteilungsleiter einen Parkplatz direkt vor seinem Büro, damit er die *Verlustzeit* von einem 250 Meter weiter entfernt liegenden Parkplatz in Zukunft nicht mehr in Anspruch nehmen musste. Die Rechnung lautete (kein Witz!): Bei einer Schrittgeschwindigkeit von 5 km/h und einer Jahresstrecke von ca. 125 km, beträgt der reine Zeitaufwand 25 Stunden pro Jahr. Mit einem Stundensatz von € 250,- erzielt man also einen *Reingewinn* pro Jahr von € 6.250.- und in 100 Jahren *erspart* man sich eine unglaubliche Summe von € 625.000,- – Respekt!

Auch aus dem Werkstattbereich kannte ich so ein Fall: Da saßen 40 gut bezahlte Facharbeiter einmal pro Woche für zwei Stunden zusammen und *erarbeiteten* nach monatelangen Prozessanalysen eine fast epochale Verbesserung, indem sich der Werkstatt-Fahrradschlüssel nicht mehr in Obhut des Vorarbeiters befinden sollte, sondern ab sofort am Brettchen zu hängen hatte und so die lästige Fragerei und zeitaufwendige Suche in Zukunft unterbleiben konnte – auch kein Witz: 40x2 Stunden pro Woche über einen Zeitraum von 4 Monaten gerechnet, entspricht rund 1280 Stunden. Bei einem Stundensatz von € 150.- kommen immerhin schlappe € 192.000,- für die Erarbeitung dieser genialen Maßnahme zusammen. Aber nach 32,5 Jahren Wegeinsparung des Herrn Abteilungsleiters hat man den Aufwand ja schon wieder *reingeholt*. Natürlich hätte man auch jedem einzelnen Mitarbeiter nach einer nur einstündigen Sitzung ein Titanfahrrad für € 2.500,- schenken und dann immer noch ein *Einsparpotenzial* von € 92.000,- ausweisen können. Wer glaubt, dies sei blanker Realitätsverlust, der hat wirklich keine Ahnung.

So unterwarfen sich massenhaft Konzerne dieser Prozedur und wiesen stolz ihre Erfolge aus. Oft wurden schon im Eingangsbereich die neuen *Errungenschaften* und Produktionsfortschritte dokumentiert und so befürchtete ich manchmal, dass gleich irgendein *Staatsratsvorsitzender* um die Ecke biegt. Selbst in afrikanischen Firmen entdeckte ich TQM-Schautafeln und zeigte große Begeisterung, um die armen lokalen Manager nicht zu irritieren …

In diesem Zusammenhang wurde auch das gesamte Management wieder in spezielle Führungsseminare gesteckt, wo man dann so aufschlussreiche Techniken wie *ein Tadelgespräch führen* oder *visionäres Management* erlernen konnte – selbst unser seliger Helmut sagte bekanntlich einmal: *Wer Visionen hat, sollte besser zum Arzt gehen.* Wir *Führer* hatten dennoch *verstanden,* – das war kein Spaß, sondern bitterer Ernst und so heulten wir wieder einmal mehr mit den Wölfen mit.

Doch nicht genug des *Totalen Managements*

Man entdeckte – ich glaube gar in Brüssel – zusätzlich noch ein ganz neues *Qualitätssiegel*, er hieß damals *ISO 9000*.

Was dann passierte, war wirklich phänomenal: Es wurde urplötzlich jeder und jedes auf Teufel komm raus *auditiert*. Firmen, die kein *Audit* nachweisen konnten, waren über Nacht keine ordentlichen Firmen mehr. Nicht das Produkt war entscheidend, sondern nur noch der Audit-Stempel. Mir taten gerade die Mittelständler richtig leid, denn jetzt war jeder Putzeimer mit der richtigen Aufschrift hundertmal wichtiger als das Erzeugnis selbst.

Eines Tages wurde auch ich verdonnert, einen Lieferanten – immerhin ein Dax-Konzern – zu auditieren. Mein Begleiter, im Range eines einfachen Sachbearbeiters, hatte zwar fachlich null Ahnung, war aber speziell für derartige Audit-Veranstaltungen geschult und auch im Besitz des großen Audit-Handbuchs, in welchem alle zu überprüfenden Prozesse und Einrichtungen niedergeschrieben waren. Er trug sein Buch wie ein Schutzschild vor sich her und notierte mit bedeutsamer Miene alle Beanstandungen wie ein Nikolaus in sein Sündenregister. Die Direktoren und Vorstände zitterten wie Espenlaub, als der Herr Auditor empfand, dass in der Firma, seiner Meinung nach, eigentlich viel zu wenig geforscht wurde. Daraufhin befehligte der Vorstand sämtliche Forschungsabteilungen mit allen promovierten und habilitierten Ingenieuren zu sich, damit jene Herren umgehend eine wissenschaftliche Abhandlung über die neuesten Technologien und Entwicklungen im Konzern vortrugen. Mein Co-Auditor nickte kurz ab und ich musste schnell aufs Klo, um meinen Lachkrampf irgendwie wieder in den Griff zu bekommen.

Ich habe seit diesem Zeitpunkt jede Art von Auditierung verweigert, musste aber selbst ein Audit über mich ergehen lassen – ausgerechnet vom Umweltministerium und dies bedeutete damals richtig Stress …

Inzwischen ist jeder Friseurladen auditiert und die mächtigen Prüfinstanzen haben somit eine nie versiegende Einnahmequelle gewonnen. Es gibt weder Wettbewerbs- noch irgendwelche erkennbaren Qualitätsvorteile durch dieses Audit-Monster, aber wenn sich erst mal eine Einrichtung in den Institutionen etabliert hat, bleibt sie uns – wie die Sommerzeit – bis zum Jüngsten Tag erhalten.

Die Firma war jetzt also *total gemanagt*

Das Unternehmen besaß nun einen tollen Audit-Stempel, doch das Allerwichtigste hatte man noch nicht in Angriff genommen: die unberührbare und für viele unerreichbare gottähnliche *Hierarchie*. So erreichte eines Tages alle hohen Herren, die glaubten, etwas sagen zu dürfen, die schrecklichste aller Schreckensnachrichten: die Hierarchie sollte *flacher* werden und auch andere Bezeichnungen erhalten. So wurden aus Gruppen- und Hauptgruppenleitern, aus Abteilungs-, Hauptabteilungs- und Bereichsleitern sowie zwei Direktionsebenen neue Strukturstellen geschaffen. Des Weiteren wurden die doch recht altbacken klingenden Bezeichnungen wie

Hauptgruppenleiter etc., die man phonetisch gerne mal mit *Ortsgruppenleiter* verwechselte, modernisiert.

Es begann ein Hauen und Stechen zwischen den verschiedenen Hierarchieebenen, denn gleichzeitig änderten sich auch die Zuständigkeiten und damit die entsprechenden finanziellen Zuwendungen. Viele blieben auf der Strecke und es gibt ja wirklich nichts Mitleiderregenderes als eine degradierte Führungskraft; beinahe durchsichtig schlichen sich die armen Schweine mittags ins Kasino und nur ungern setzte man sich dann zu den *Loosern* an den Tisch – man wollte ja nicht noch unnötig kontaminiert werden …

So gab es jetzt den neuen *Teamleiter* – yes, *Team* – that's it ... Neu war auch der *Centerleiter* – *Center* klingt so wie äh … Center, z. B. Einkaufs-Center, Center-Parc, Car-Wash-Center – irgendwie modern halt …

Eine flache Hierarchie ward geschaffen und die neuen Berichtebenen auch. Wir sprechen zukünftig nur noch von den *Ebenen* 1 – 4. Das muss man sich wie ein Hochhaus vorstellen, das auf dem Kopf steht, weil ja die oberste Ebene im Erdgeschoss liegt. Die neuen *Ebenen* bestehen jetzt aus meterdickem Stahlbeton – undurchdringlich und nur über einen ganz engen Aufzug erreichbar. Innerhalb der Ebenen fraternisierte man sich sehr schnell, man bot sich gegenseitig das *Du* an und leckte seine Wunden. Diejenigen, die degradiert wurden, zeigten natürlich nach außen volles Verständnis für die Maßnahme der Konzernleitung, um nicht noch den Rest ihrer bescheidenen Reputation zu verlieren. Die Heuchelei war dennoch beinahe unerträglich, denn die angeschossenen Hierarchen waren in Wirklichkeit gefährlich wie waidwunde Tiere, da sie meist in anderer Funktion und verkleinertem Verantwortungsbereich ihren Frust los werden wollten. Die sogenannten *Kaminaufstiege* waren jetzt regelrecht verboten, Quereinsteiger erwünscht. Ich hatte dies ja auch schon praktiziert, aber so etwas als wünschenswerte Generallösung einzufordern, war schon recht verwegen. Gerade in technischen Disziplinen ist nun mal Fachwissen *der* Treibstoff einer Firma.

Ich persönlich erfuhr durch die Strukturreform keine besonderen Nachteile, da ich in meiner Ebene bleiben durfte, ja es hatte sogar den Vorteil, dass der Weg nach ganz oben sich verkürzte. Mein Bestreben allerdings, mich hierarchisch noch weiter zu entwickeln, tendierte mehr oder weniger gegen null. *Absicherung der Außengrenzen* lautete jetzt meine Parole, denn Gefahren lauerten überall. Ständig schlichen schwach beschäftigte, ehrgeizige Konzernstrategen herum, immer auf der Suche nach *Potenzialen.* Die gängigen Formeln, die einen erzittern ließen, lauteten jetzt: *Fertigungstiefe, Entwicklungstiefe, Outsourcing* und neuerdings *Human Resources* als Manövriermasse, denn *Leiharbeit* war die Zauberformel der Neuzeit. So war das Wichtigste in dieser Zeit der sogenannte *Mitmachreflex,* der allen signalisierte: *Ich bin dabei, jede Neuerung, jede Challenge ist mir stets willkommen.* Dieses Frohlocken wird natürlich mit zunehmendem Alter immer anstrengender und so blieben viele ältere Kollegen auf der Strecke, weil sie sich einfach nicht mehr verbiegen wollten oder konnten.

Schon längst wurde nicht nur der gemeine Mitarbeiter, sondern auch jede Führungskraft, wie ein kleiner Schuljunge beurteilt und sogar ein gehaltsbezogenes Korrelat zu seiner *Performance* hergestellt. Da der Generationswechsel inzwischen im vollen Gange war, saßen meist deutlich jüngere Chefs über ihre älteren Untergebenen zu Gericht. Und die Diskussionen, die dabei geführt wurden, waren oft derart peinlich, überheblich und asozial, dass man liebend gern den Raum verlassen hätte. Hauptursache dieser neuen Führungskultur war das besagte Auswahlverfahren, nach welchem leitende Führungskräfte mehr und mehr aus der Assistenten-Liga der Vorstände rekrutiert wurden und nicht mehr die klassische Ochsentour absolvieren mussten. Entsprechend flockig und blauäugig war demnach auch der Auftritt der neuen Managergeneration.

Die *Präsentationstechniken* änderten sich auch rasant – *Overhead* war out, *Powerpoint* mega-in. Überhaupt: es wurde präsentiert, was das Zeug hielt – jeder präsentierte jedem bunte *Overviews*, *Statisitcs* und *Schedules*.

Wir waren also angekommen in der neuen Zeit der Anglizismen,

über die man sich heutzutage gerne etwas echauffiert. Dabei waren es zwangsläufig die *Global Player* in der Industrie, die diese sprachliche Wandlung hervorbrachten. Bis tief in 80er-Jahre hinein, war innerhalb der Konzerne Englisch mehr oder weniger nur dem Vertrieb vorbehalten, sowie in der Elektronik und natürlich den diversen Programmiersprachen beheimatet – also jene Sparten, in welchen die Amerikaner uns ohnehin weit voraus waren und dazu reichte sogar mein Vierer in Englisch locker aus …

Erst durch die zahlreichen ausländischen Niederlassungen und Produktionsstätten änderte sich schlagartig auch das sprachliche Umfeld und die damit verbundene Notwendigkeit, in einer internationalen Sprache zu kommunizieren. Und wie immer gab es Manager – meist aus der kaufmännischen Ecke – die Englisch anscheinend schon mit der Muttermilch aufgesogen hatten. Ja, man fragte sich oft, ob diese nahe Oxford oder eher in den Südstaaten der USA aufwuchsen, so beeindruckend gut beherrschten sie die Fremdsprache. Jede Besprechung – sorry: jedes *Meeting* – war jetzt gespickt mit englischen Begrifflichkeiten, die wir uns alle natürlich begeistert verinnerlichten, um damit bei nächster Gelegenheit gegenüber anderen auftrumpfen zu können. Diese Entwicklung war und ist unumkehrbar und findet bekanntlich seinen Höhepunkt in der aktuellen Werbung, deren sprachliche Schlichtheit einige Sektoren des menschlichen Hirns ständig paralysiert und dadurch sicher bleibende Schäden hinterlässt.

Durch die ins Ausland verlagerten Fertigungsstätten war es auch für uns *Alt-Manager* unumgänglich, sich der englischen Sprache wieder anzunähern. Unterstützt wurde man dabei von den sogenannten *Native Speakers*, die verzweifelt versuchten, uns lern-resistenten, bildungsfernen Ingenieuren und Naturwissenschaftlern den einen oder anderen Begriff einzubläuen. Dabei war alles eigentlich gar nicht so tragisch, dies merkte man erst, wenn man z. B. mit einem Japaner in Verhandlungen eintrat: dieser besaß zwar in der Regel einen wesentlich höheren englischen Wortschatz, hatte aber kein Problem, diesen in rein japanischer Phonetik darzubieten. Dagegen wirkten wir Deutsche – wie immer – *stets bemüht*, da uns das *th* ohnehin verriet. Die Amerikaner hatten mit unserem *bad English* die absolut geringsten Probleme – ja, sie erwarteten förmlich, dass wir uns etwas *unbeholfener* ausdrückten. So what …

So musste sich wohl jede Unternehmenskultur auch sprachlich den internationalen Anforderungen beugen. Ob man das gut oder schlecht heißt, interessiert niemandem – Geschäft ist Geschäft oder *business as usual* … Englisch ist das reale Esperanto der Neuzeit, funktioniert weltweit und ist für uns Deutsche, wegen des gemeinsamen Sprachstamms, doch noch relativ leicht beherrschbar.

Ein genauerer Blick auf die neue flache Hierarchie

bietet weitere interessante Rückschlüsse: Wer glaubte, die kürzeren Entscheidungswege und die geringere Anzahl an Entscheidungsträgern führten zwangsläufig zu einer Effizienzsteigerung, hatte die Rechnung ohne den Wirt gemacht, denn wie im realen Leben auch bilden sich bekanntlich schnell Parallelgesellschaften, wenn man nicht rechtzeitig in der Lage ist, alle Ethnien bzw. Einheiten zu integrieren. So auch in der Wirtschaft: Da man vielen Bereichen ihre Kompetenzen weggenommen hatte, mussten diese zwangsläufig woanders wieder aufgebaut werden. So wuchsen riesige Projektstrukturen wie Pilze aus dem Boden, die Controllingbereiche explodierten förmlich und auch das einst recht überschaubare Personalwesen platzte aus allen Nähten. Dies hatte zwangsläufig eine Schwemme neuer Führungskräfte und Strukturen zur Folge, die unterm Strich die Anzahl der früheren Leiter mehr als verdoppelte. Durch entsprechende Quervernetzung mit dem typischen Kompetenzwirrwarr sich überschneidender Hierarchieebenen, hatte man ein Monster geschaffen, das unentwegt mit Besprechungen, Präsentationen, Klausuren etc. gefüttert werden musste. Der Effizienzverlust durch Bindung wertvoller Kapazitäten war enorm. Der Laden flog nur deshalb nicht auseinander, weil verantwortliche Führungskräfte auch dann noch immer hervorragend kooperierten.

Die Wechselwirkung von Profit und Wettbewerbsfähigkeit

ist ja kein besonderes Geheimnis und so sind auch alle Versuche legitim, den richtigen Mix zwischen einer funktionierenden Wirtschaft und den sozialen Bedürfnissen der Bevölkerung ständig neu auszuloten. Methodisch wurden allerdings in den letzten Jahren schreckliche Fehler begangen, die fast nicht mehr auszumerzen sind. Das freie Spiel der Kräfte – entfesselt durch ein paar überschlaue Politiker – entwickelte sich zwangsläufig immer stärker zu dem vorgenannten Raubtierkapitalismus, wie er nicht nur nach dem Zerfall der sozialistischen Länder weltweit zu beobachten war, sondern auch hierzulande unter dem Deckmäntelchen der Globalisierung seine giftigen Blüten trieb. Es tut einfach nur weh, wenn florierende Firmen von geldgeilen Erbengemeinschaften oder korrupten Vorständen an Hedgefonds bzw. *Investoren* verhökert und jene Menschen, die einst die Firma stark machten, als *Ballast* entsorgt werden. Das Eigenkapital wird herausgezogen und damit weitere Firmen aufgekauft, denen es dann ähnlich ergeht. Nichts Neues zwar, aber dennoch krank.

Ich lernte persönlich mal einen Private-Equity-Manager – einen ehemaligen CIA-Agenten – kennen, der mir ganz locker einen sogenannten *Übernahmeprozess* beschrieb: Zuerst wird die Firma von außen inspiziert, man schaut sich zunächst die Parkplätze mit den parkenden Fahrzeugen der Belegschaft etwas genauer an – neuere, hochpreisigere Fahrzeuge bedeuten hohes Lohn- und Gehaltsniveau. Dann werden in den umliegenden Restaurants und Kneipen die Leute belauscht, z. B. Gespräche über Missmanagement, Produktpaletten und Qualitätsprobleme etc. Selbst die örtlichen Sparkassen *singen* gerne, wenn man sie nur richtig fragt. Die reinen wirtschaftlichen Daten wie Umsatz, Produktivität, Eigenkapital und Cashflow lassen sich leicht aus Veröffentlichungen und einschlägigen Recherchen ermitteln. Sofern alle Eckdaten stimmen, steigt man als *Investor* ein. Das dazu erforderliche Kapital verleiht oft und gerne schon die örtliche Sparkasse oder Bank, die servil auf neue Geschäfte hoffen. Der Rest ist wieder simpel: Man schlägt zuerst den Kopf ab, heißt: das oberste Management wird konsequent rausgeworfen und

160

durch eigene Leute ersetzt. Auch die Belegschaft wird gnadenlos reduziert, mit der Behauptung, nur so überleben zu können. Natürlich gibt es auch einen Sozialplan, der allerdings seinen Namen nicht verdient. Das Eigenkapital wird sofort herausgezogen und durch neue Kredite ersetzt. Mit der ausgelaugten Firma gehen die Profis dann frech an die Börse, denn die Produkte sind ja meist noch gefragt und so beteiligen sich gerne wieder Aktionäre, die jetzt eine kleine Rallye erhoffen. Meist funktioniert das auch ganz prima und so schöpfen die Investoren gleich zweimal den Rahm ab, während die Belegschaft gottergeben weiterhin ihren Job macht und so ziemlich alles tut, um wenigstens ihren Arbeitsplatz noch zu erhalten. Das klingt alles nach *Pretty Women* mit Richard Gere, ist aber gelebte Realität und findet unter den toten Augen unserer Wirtschaftspolitiker statt!

Viele gesunde Mittelstandsbetriebe wurden so regelrecht plattgemacht. Oft werden sie ausgebeint, d. h. Werkzeugmaschinen, Blaupausen und Know-how nach Asien verlagert und die Soziallasten in Deutschland belassen. Irgendwann entdeckt man dann alterwürdige Firmennamen auf asiatischen Produkten bei irgendwelchen Discountern und spürt die betrügerische Absicht, sich mit fremden Federn zu schmücken, um billigen Massenschrott aufzuhübschen – der Kunde soll ja damit *Qualität* assoziieren. Die Verbraucherschützer sehen bei derartigen Betrugsabsichten keinen Handlungsbedarf – der Firmennamen wurde ja legal erworben und eine Täuschungsabsicht ist nicht nachweisbar. Namen sind heute offensichtlich Schall und Rauch … Die völlig überforderten Politiker überlassen das Gesetz des Handelns stets jenen Kräften, die zwar keine Moral haben, aber dafür die Kohle …

Der Kostendruck ist in der Industrie enorm hoch, das ist unbestritten und wer Einblick in das Geschehen hat, weiß auch, dass es ein

Made in Germany im klassischen Sinne längst nicht mehr gibt. Die Einkäufer durchpflügen die Kontinente in der Hoffnung, einen Billig-Lieferanten hinter irgendeinem Busch hervorziehen zu können, der dem chinesischen Lieferanten Paroli bieten könnte. Die Leiharbeitswelt ist inzwischen realer Bestandteil unserer Wirtschaftsordnung geworden, was ja nichts anderes heißt, als dass dem Gemeinwesen indirekt die Soziallasten aufgebürdet werden. Und gerade weil die Marktwirtschaft eigentlich im Dienste des Volkes stehen sollte und nicht umgekehrt, fehlen Frauen und Männer in der Politik, die dank ihres *Sachverstands* in der Lage sind zu handeln und nicht weil sie sich als gelernte Pädagogen, Juristen oder gar kleine Assistenzärztinnen bzw. Labor-Physikerinnen in der Parteien-Hierarchie hoch gedient haben. Wie oft musste ich erleben, dass Produktionen nach außen vergeben und nach ein paar Jahren wegen signifikanter Qualitätsprobleme reumütig wieder zurückgeholt wurden. Wir machen doch in Deutschland wirklich keinen schlechten Job, offensichtlich weil uns dies schon in den Genen steckt und wir vermutlich auch nicht ganz blöd sind – klingt zwar etwas überheblich, aber diese Aussage wurde nicht hier, sondern im Ausland getätigt.

Sofern wir einer Wertschätzung durch unsere Arbeit nicht mehr sicher sein dürfen, sondern den Arbeitslohn als lästiges Beiwerk unserer Industriegesellschaft betrachten müssen, die sich wiederum ausschließlich an einer global operierenden Wirtschaftsordnung zu orientieren hat, dürfte die Asymmetrie zwischen Besitzenden und Armen alarmierende Ausmaße annehmen. Die enormen unkontrollierten Flüchtlingsströme, die unsere Sozialkassen zusätzlich belasten, wirken dabei wie gefährliche Brandbeschleuniger …

Diese meine Arbeitswelt hat mich doch stärker geprägt

als ich je vermutete. Trotz aller Anpassungsbemühungen und innerer Widerstände unterwarf ich mich stets bedingungslos dem Diktat des Geldverdienens. Tarnen und Täuschen war daher die Losung, die ein Überleben erst möglich machte. Die viel gerühmten Querdenker oder gar Revoluzzer waren nur nach außen hin geduldet. Wer dies einigermaßen verstanden hatte, besaß genügend Freiräume, sich in der Welt des Profits, der letztlich auch für die eigene Existenz unabdingbar war, zu verwirklichen, ohne sich tagtäglich verbiegen zu müssen. Meine häufigen Auslandsbesuche machten mich abgeklärter, denn ich lernte, dass es überall auf der Welt nette Menschen gab, mit denen man vernünftig reden konnte.

Innerhalb des Konzerns musste natürlich ständig weiter optimiert werden. Sei es nun wieder einmal eine neue Konzernstrategie, eine Kostenoptimierung oder Qualitätsoffensiven aller Art. *Dynamik = Fortschritt* – eine manchmal zweifelhafte Formel, die man nur durch den enormen Druck des Wettbewerbs begründen konnte.

Ich war in meinem *Homefield* fachlich unangreifbar und ließ mir daher bis zum Schluss die Butter nicht mehr vom Brot nehmen, warum sollte ich auch … Die Vorstellung, dass eben kein höheres Wesen die Geschicke der Firma bestimmte, sondern lauter stinknormale *Egoisten* wie ich auch, ihr Glück versuchten, hatte für mich letztlich immer etwas Beruhigendes.

Ich bin mir ziemlich sicher, dass ich gegen Ende meiner Karriere am effizientesten war, da ich aufgrund meiner Erfahrung klar und schnell entscheiden konnte. Die unsägliche Belastung durch Gremienarbeit war jedoch grenzwertig.

So plätscherte auch privat das Leben so dahin, wir wurden älter

und unsere Wunderkinder – die sogenannte *Golfgeneration* – auch. Doch mit dem Älterwerden eskalierte auch wieder die Wettbewerbssituation innerhalb des Bekanntenkreises: die *Genies*, die man mühsam durchs Abi getrieben hatte, mussten ja jetzt möglichst ein Premium-Studium antreten und dieses auch in Windeseile absolvieren, damit sie rechtzeitig den Traumjob fürs Leben erhaschen konnten.

Auch mir ging es so; meine ganze persönliche Lebenserfahrung opferte ich dem elterlichen Ehrgeiz oder, präzise: der elterlichen Eitelkeit. Ich hätte es eigentlich besser wissen müssen, aber das Höllen-Spiel *Wer ist schlauer* wurde eröffnet. Die Eltern gaben jetzt richtig Gas: Da wurde ständig vom baldigen Vordiplom und Physikum von Leuten geschwafelt, die selbst über die Mittlere Reife nie hinauskamen.

Meine Nervosität eskalierte, als die eigene Brut den Studiengang ansatzlos wechselte, ohne mich groß zu fragen. Ich, der väterliche Ratgeber, wurde zum hoffenden Zuschauer degradiert, der beinahe bittend wieder die Formel *Hauptsache durchkommen* zum Besten gab. *Schau mal den Björn an, der war doch immer viel schlechter in der Schule, du kannst doch das Arschloch nicht an dir vorbeiziehen lassen* ... Doch er konnte und hatte keinerlei Probleme damit, sodass wir anschließend sofort den Kontakt zu Björns Eltern abbrachen.

Triumphierend berichteten *Freunde*, wie *leicht* ihren Kindern das Studium fiele und wir glaubten einfach alles. Vermutlich waren wir erst jetzt in der Realität angekommen, wir, die ehemaligen *Blumenkinder*, die nach der Ausbildung brav und regelmäßig in die Fabriken, Lehrsäle und Büros marschiert waren, die ernsthaft glaubten, ihre Kinder besser und lockerer erzogen zu haben, als dies unsere eigenen autoritären Eltern taten. Wir mussten jetzt dem Verdrängungswettbewerb, dem unsere Kinder ausgesetzt waren, hilflos beiwohnen, ohne irgendeine reale Chance eingreifen zu können.

Erst nachdem ich mein Pulver restlos verschossen und meinen persönlichen Ehrgeiz radikal geerdet hatte, spürte ich, wie krank unsere Vorstellungen vom Erfolg waren. Irgendwann wurden auch wir Eltern mit einem erfolgreichen Studienabschluss *belohnt* und freuten uns in bescheidener Demut.

Diese neue Generation, die inzwischen die Geschicke der Gesellschaft mitbestimmt, tickt und handelt anders, als wir Alten uns das so vorgestellt hatten. Sie nutzt ihre gute Ausbildung, die sie in der Regel genossen hat, und betreibt ihr *Business* nach ihren eigenen Vorstellungen. Karriere allenthalben, politisch eher zurückhaltender und durchaus der *Political Correctness* verpflichtet. Die Nachwuchssorge treibt uns Eltern die Schweißperlen auf die Stirn, aber das kratzt diese Generation recht wenig. Ob *wir* alles gut oder schlecht gemacht haben, ist nicht auszumachen. Immer mehr beschleicht mich daher die Vorstellung, dass wir Eltern uns viel zu viel einbilden auf unsere Taten …